"熊掌和鱼"
钱志龙博士教育讲堂系列之一

钱志龙 博士

培德书院国际学校总校长
道禾教育研究院研究员
惠灵顿（中国）国际学校理事
北京中国学中心（TBC）董事会董事
上海世界外国语中学学术顾问

  钱志龙博士出生于上海，就读于南洋模范中学。高中毕业后保送北京大学，获阿拉伯语言文化专业文学学士。后旅居美国近十年，先后获得美国东西方中心学者称号和美国伊利诺伊大学香槟分校传播学硕士，美国夏威夷大学语言教学专业文学硕士，美国南加州大学教育学博士，主修中小学教育领导及管理。

  他曾任美国罗耀拉大学实践教授，美国半岛国际学校小学校长，怡海教育集团总裁，中国传媒大学培训学院国际部主任，青苗国际双语学校副总校长。2015年9月，他正式出任培德书院国际学校总校长，以教育管理者和行动研究者的身份，秉承培德"根深中国，盛开国际"的校训，孜孜探索如何培养出同时具有国际化视野和中式人文素养和东方审美情趣的下一代的道路。

BEAR'S PAW & FISH

图解

中西方教育的异路与同归

钱志龙 著

南京师范大学出版社

图书在版编目（CIP）数据

图解中西方教育的异路与同归 / 钱志龙著. -- 南京：南京师范大学出版社，2016.10
ISBN 978-7-5651-2911-7

Ⅰ.①图… Ⅱ.①钱… Ⅲ.①教育-对比研究-中国、西方国家 Ⅳ.①G51

中国版本图书馆 CIP 数据核字（2016）第 238601 号

书　　名	图解中西方教育的异路与同归
作　　者	钱志龙
策 划 人	戴联荣　张　文
责任编辑	王　艳　丁　婧
装帧设计	观止堂_未氓
出版发行	南京师范大学出版社
地　　址	江苏省南京市宁海路122号（邮编：210097）
电　　话	（025）83598919（总编办）83598412（营销部）83598297（邮购部）
网　　址	http://www.njnup.com
电子信箱	nspzbb@163.com
印　　刷	南京爱德印刷有限公司
开　　本	710*1000　1/16
印　　张	14.75
字　　数	248千
版　　次	2016年10月第1版 2018年12月第5次印刷
书　　号	ISBN 978-7-5651-2911-7
定　　价	68.00元

出 版 人　彭志斌

南京师大版图书若有印装问题请与销售商调换

版权所有　侵犯必究

目录

序一

序二

写在卷首

第一篇　略带偏见的当代中西方教育比较

1. 中西教育理念的差异 / 11

2. 中西教育内容与教学方法的差异 / 27

3. 中西教育课程设置的差异 / 43

4. 中西教育评价的差异 / 61

5. 中西教育文化的差异 / 75

第二篇　古典中式教育与西方教育的不谋而合及殊途同归

1. 古典中式教育先进的教育理念及其历史局限性 / 123

2. 中华文明独有的德行教育 / 153

3. 与古典中式教育不谋而合的西方教育理念 / 171

4. 未来公民核心素养 / 195

结语 / 219

后记 / 220

A Gently Biased Comparison of Contemporary Chinese and Western Education

略带偏见的当代中西方教育比较

第一篇

钱志龙 博士 | Dr. Terry Qian, Ed.D.

培德书院国际学校　总校长
Headmaster, Peide School

美国南加州大学	教育学博士
美国夏威夷大学	文学硕士
美国伊利诺伊大学香槟分校	传播学硕士
北京大学	文学学士
上海市南洋模范中学	保送北大

青苗国际双语学校	副总校长（3—18岁的中外学生）
中国传媒大学	高级研究员（16—20岁的中国学生）
怡海教育集团	总裁（3—18岁的中国学生）
美国半岛国际学校	小学校长（3—14岁的国际学生）
美国罗耀拉大学	实践教授（18—60岁的美国本科生、研究生）
美国夏威夷大学	讲师（16—18岁的各国留学生）
对外经贸大学	讲师（19—21岁的美国留学生）
北京理工大学	讲师（19—21岁的美国留学生）

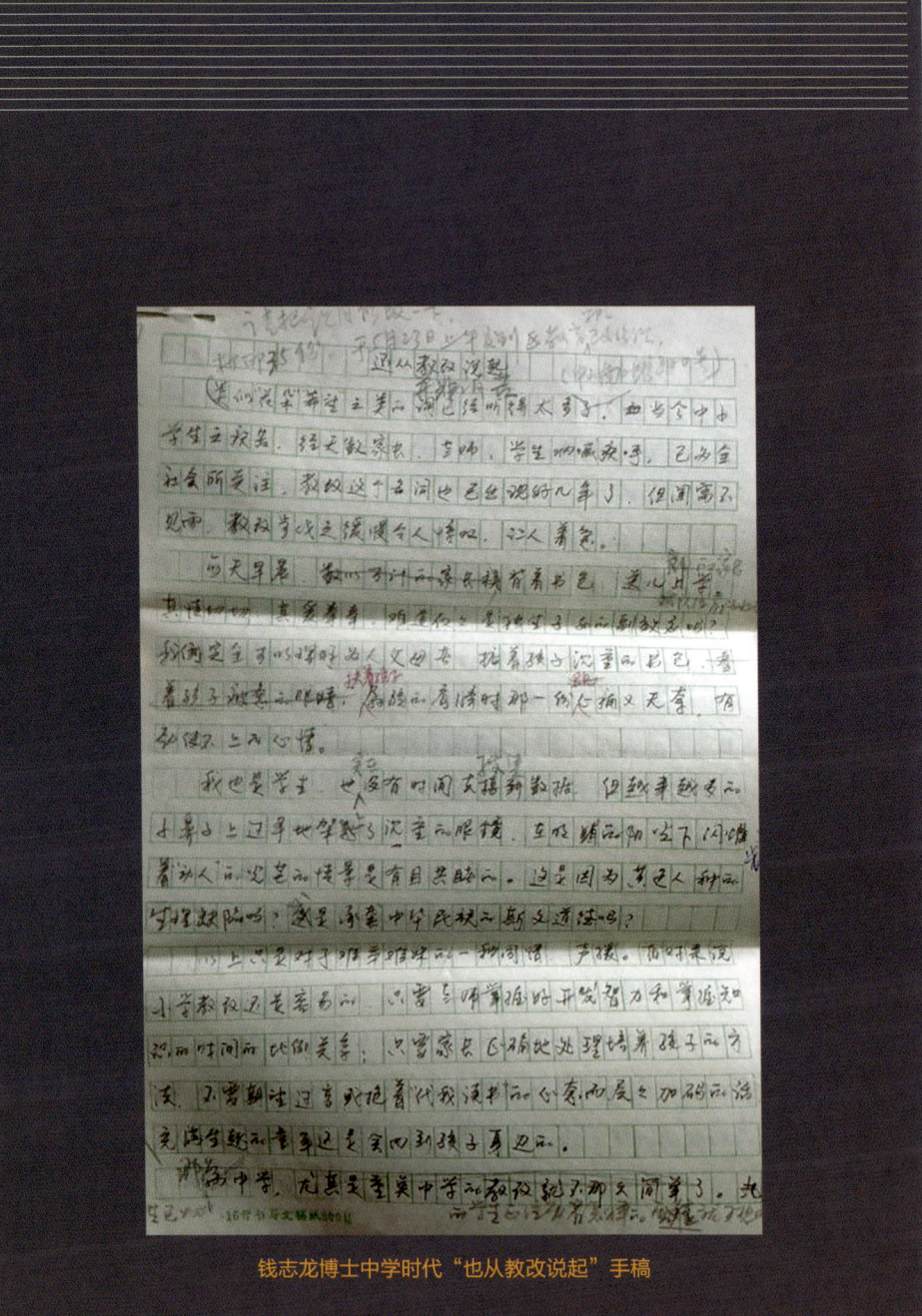

钱志龙博士中学时代"也从教改说起"手稿

前两天我的同事在帮我重印名片的时候，把"博士"两个字漏掉了，我要求重印，她说你怎么这么自恋啊。我说天秤座的孩子如果一点都不自恋的话，那就只有一种解释，就是他妈妈把他的生日给记错了。但今天我把这些学位抖出来，却没有要显摆的意思，因为我今天能做的事，能做的梦，和这些学历没太大关系。它们最帮到我的，可能就是给了我多一些话语权，而既然大家都来了，它们对我就真的没什么价值了。

从我的履历大纲上可以看出，我在上海出生长大并读完中学，在北京花了十几年的时间用北方的豪放大气去中和一个南方小男人的细腻敏感。记得保送北大前几天我正好读到《萌芽》杂志上的一句话：如果一个人在南方出生，在北方长大，他的性格将趋向完美。都不记得是谁写的了，但我居然就相信了。然后我又在美国花了九年的时间读书、工作、再读书，企图用这种西方教育的亲身经验去启发自己，并平衡（Counterbalance）我小时候在中国受到的一些教育的伤害，又或者说是一种忘却（Undo，Unlearn）的过程。

稍微有一点点小得意的是履历大纲上列出的这些我曾工作过的岗位，至少有一个小小的突破，就是我把学前教育、基础教育、高等教育乃至研究生教育串了起来。我管理过幼儿园，带过研究生，最小的学生两岁半，最大的六十多岁，这种经历让我能打破我们人为设置的校园间的界限，越过基础教育和高等教育之间的鸿沟，看清校园和社会的脱节。我能够站到更高一点的角度，回望并俯视教育这条河流在生命中如斯流淌。我今天特意摘掉我的领带，摘下我的胸牌，暂时卸下我作为一个学校管理者的身份，希望尽量能够以一个独立学者的姿态跟大家探讨一些关于教育的重要问题。

如果真有什么东西要显摆一下，那么接下来这个东西我觉得可以。去年我在家里整理旧物的时候，找到这样一篇文章，是我在高二那年写的，题目叫"也从教改说起"。我当时看到这篇文章以后起了一身鸡皮疙瘩，一个十六七岁的少年，愿意探讨这样沉重的话题，也多少有点范仲淹的遗风了。而更重要的是，在过去的这二十多年，我一刻都没有停止过对这个问题的思考和探索。

因为我坚信：念念不忘，必有回响。

北京大学——本科阶段就读学校

美国南加州大学——博士阶段就读学校

略带偏见的当代中西方教育比较
A Gently Biased Comparison of Contemporary
Chinese and Western Education

其实我不是很理解当年孟子为什么选了这样一对非主流的参照物（熊掌和鱼），但是他把这个悬念留给后人，给了我们很多想象的空间，也抛给我们很多问题。到底什么是"熊掌"，什么是"鱼"？熊掌更好还是鱼更好？熊掌更好吃还是鱼更好吃？熊掌更好是因为它更贵重，更稀罕，还是更肥腻？你更喜欢熊掌还是鱼？熊掌更适合你还是鱼更适合你？这些问题反倒启发了我。今天做中西方教育的对比，我并没打算得出一个什么重大结论来，我只希望你们和我一起开始思考。

说到"偏见"，我曾以学习者和教育者的双重身份亲历过中西方教育这两种不同的体制，不带任何主观态度是不可能的，所以我选择坦诚面对这点偏见，但并无意以偏概全地批判或追捧任何一方，只希望通过强烈的反差来凸显一些在教育中更需要被关注的元素。我只是想通过这个中西方教育的对比，让大家至少开始批判性地思考，把关于教育、关于成长的解读留给读者。

鱼，我所欲也，熊掌亦我所欲也；二者不可得兼，舍鱼而取熊掌者也。

——孟子

I want fish, but I want bear's paw too. If I can't have both, I would give up the fish for the bear's paw.

—— Mencius

你最希望你孩子拥有的三样东西

3 things you hope your child will have

- _____
- _____
- _____

不要想太久，也不要太贪心，
用直觉记下三个你最诚实中肯的愿望。

在开讲之前，我请大家先思考和回答下面这个问题："你最希望孩子拥有的三样东西是什么？"请不要花时间思考，凭直觉回答，用笔或手机快速记录下来您的答案。各位家长请动起来，我是认真的。有没有家长愿意分享？

"健康，快乐，智慧。"
"正直，善良，生存能力。"
"幸福，好身体，好的心态。"

感谢大家的分享，你们的答案都不错呢，是真心的吗？社会学领域有一个词叫社会赞许性（Social Desirability），就是说人们在做问卷调查的时候，会无意识地说出他认为是政治正确的（Politically Correct），是不会被嘲笑、鄙视或质疑的答案，或问问题的人希望听到的话，却不一定是他真心的想法。对大家的答案，我先暂不做评论，也不做裁决。

中西教育理念的差异

★ 教育本质：父母的期待 VS 孩子的梦想
★ 教育特点：补短式 VS 扬长式
★ 教育目标：成功 VS 成长
★ 教育要求：服从、听从、跟从 VS 质疑、挑战、引领
★ 教育动力：改变命运 VS 为己之学
★ 教育视角：眼下 VS 未来
★ 教育结果：谋生 VS 生活

教育本质
THE CORE

父母的期待 | Expectation of parents

孩子的梦想 | Dream of a child

教育的目的是让人摆脱现实的奴役,而不是去适应它。——西塞罗

教育本质：父母的期待 VS 孩子的梦想

我刚回国的时候，有一个体会，扑面而来的，几乎一出机场就感觉得到：家长的焦虑。我觉得这种过度的焦虑很大程度上影响了教育的发展。去年我去拜访一个学校的时候，看到一个小女孩坐在长椅上，很不开心的样子，我忍不住跟她打招呼，我说："你好啊，为什么不开心呢？""上学很辛苦。""除了辛苦有没有让你开心的事呢？""除了辛苦，还是辛苦。""那你为什么还要来？""为了让我妈妈开心。"那句话当时就刺痛了我，这么小，六七岁的年纪就要承担这么多东西，承担父母这么多的期望，那我们到底是在帮她，在爱她，还是在打着爱的名义摧残她？

所以我希望首先能还原教育的本质。我认为，教育的本质是让孩子寻找到只属于他的梦想，并放飞它，而不是去完成、去满足父母既成的或未成的期待。希腊先哲马库斯·西塞罗（Marcus Cicero）讲过一句话："教育的目的是让人摆脱现实的奴役，而不是去适应它。"但现在我们是不是做反了？家长们一边大声咒骂着社会的种种不公、种种乖张，另一边却手把手地去教孩子适应种种规则和潜规则，唯恐他们将来会吃亏，会被人欺负，会不适应这个社会。家长带孩子补课，陪孩子读书，在考场外期待而焦灼的目光，从某种意义上说，都是在错误地引导教育该如何发生。

而西方社会的父母更愿意尊重孩子的想法，愿意成全孩子的梦想，即使自己内心有所担心，有所不赞同。我看过一部电影，*My Big Fat Greek Wedding*，里面母亲对女儿说过一句话，很打动我：I gave you life, so you can live it. 我给了你生命，所以你就应该好好过你想要的生活。

教育特点
THE CHARACTERISTIC

补短式 | You are never good enough

扬长式 | I am good at something

孩子在一件事上的成功所产生的自信及其带来的能量是不可估量的。

教育特点：补短式 VS 扬长式

如果让我只用一个词来形容中国教育和西方教育的差别，我觉得中国教育是"补短式"的教育，哪门不好补哪门。家长们永远在告诉孩子你哪点不如别人，你哪些方面还未达标，哪些地方还有待提高。但是每个人生来都是不一样的，最后成就的事业也一定是不一样的。一个木桶能装多少水确实是由最短的那块木片决定的，但是我们生命的意义并不是装满那个木桶呀！我们生命的宽度和思想的高度一定是由我们最长的那块板子决定的。我们怎么可以因为考大学这么一个短期的目标而忽视这一基本的原理呢？我们习惯了补短仅仅是因为我们的考试制度不允许有短板拖后腿，那万一有一天不合理的考试制度改变了呢？

西方的教育中有一点我很赞赏，它会让孩子在自己身上找到哪怕是一点他比别人都要好的地方，然后把它充分放大。这孩子什么都不咋地，就是跑得快。阿甘正传（*Forrest Gump*）的故事大家都听过吧？都喜欢吧？所以道理大家都是懂的，但是放到自己孩子身上就选择性地屏蔽了。

孩子从这一件他比别人突出的事情上获得的自信会给他源源不断的力量去做好其他所有的事情。这是我们的教育需要学习的地方，让每个孩子知道：我不是一个缺失的人，我不是不够好，我很棒，我不需要每天追着赶着在每件事情上都比别人做得更好。更何况，在被物欲扭曲的普世价值体系里，很多所谓的"好"，所谓的"优秀"，甚至所谓的"成功"，其实是有待商榷的。

教育目标
THE GOAL

成功 | Success

成长 | Growth

过程导向的努力比结果导向的努力会给你带来更多意想不到的收获。

教育目标：成功 VS 成长

汉字的美妙之处在于它一字之差，意思会有天壤之别：要成功还是要成长？现在的教育，受普世价值观的影响，非常"急功近利"。我经常问孩子们一个问题："你的梦想是什么？"如果在美国，大多数的孩子会给我五彩斑斓的答案：宇航员，救火队员，糕饼师，舞蹈家，动物医生，斗牛士，植物学家，冰激凌店老板，总统，总统夫人，好母亲，园艺师，私人侦探，漫画家，警察，驯兽师……天马行空。但是大多数中国孩子的回答普遍是：

"没想过。""不知道。"

中国孩子一直忙着做题，忙着考试，哪里有时间去想这个问题？还有这样一群孩子会挥舞起他们的小拳头，踌躇满志而不无得意地大声呐喊，"我的梦想是考进北大""我的梦想是上哈佛"。我好想比他还大声地喊回去："Honey, this is NOT even a dream."亲爱的，醒醒吧，这哪里是什么梦想？充其量只是实现梦想的一个途径，甚至不一定是适合你的那条途径。

你有没有过这样的经历，如果方向错了，你跑得越快，偏得越远？我有过，在大海里游泳的时候，因为怕咸水溅进眼睛，就会闭着眼睛闷头拼命游，猛一抬头，却发现那里根本不是我要去的地方。我们能不能停下匆忙而不知所向的脚步，问一问孩子们的梦想，他们最想做的是什么？我们对成功的定义真的只是找到一份赚钱的工作或者考上一个名牌的大学吗？仅此而已吗？我觉得梦想真正的定义应该是让这个孩子找到一个目标，一个志业，让他可以此生为之努力，且不知疲倦。我一直自诩自己此生最大的幸运就是我把自己喜欢的事情变成了我的工作、我的事业，因为我从小就好为人师。

教育要求
THE EXPECTATION

服从、听从、跟从 | Obey, agree, follow

质疑、挑战、引领 | Question, challenge, lead

面对不可知的未来带来的挑战,比学会解答问题更重要的是提出问题。

教育要求：服从、听从、跟从 VS 质疑、挑战、引领

很欣慰"三从四德"这样的历史糟粕已经不再适用当代的女性，但是我很痛心地看到，它却还存在于我们的课堂中。老师让学生干什么就干什么，家长都没办法摆布的孩子却常常对老师言听计从。作为一名教师，我不会对这种"言听计从"沾沾自喜，因为它并不是对老师发自内心的尊重，我见到对老师很没礼貌的孩子在参加考试的时候倒是循规蹈矩，这是被驯化的表象。这不是发生在小王子和狐狸间的温柔浪漫的彼此驯养，而是李连杰演的冷血杀手被施虐者驯服的"斯德哥尔摩综合征"[1]的表现。

亚里士多德说过，"吾爱吾师，吾更爱真理"。其实我倒更希望看到他们在保持对老师基本礼貌的前提下，更大胆地对课题、对书本担负起一些质疑的责任来，理一定是越辩越明的。我在北大读书的时候，只有一门课没过，就是马哲——马克思主义哲学。别误会，我觉得读哲学是非常有用的，马老其实也真的很有思想。但哲学不应该是这么教的，哲学是鼓励人思考的，不是去强迫学生背诵并无条件接受的，所以我后来就决定不去上课了。其实老师不用担心"师道尊严"被挑战了，当你鼓励学生对"真理"进行质疑时，你就不再是被挑战的对象了，你反而会得到更多的尊重。我在美国曾经做过一次问卷调查，其实学生最最讨厌的不是严厉的、不苟言笑的老师，而是不懂装懂，明明错了还要硬撑，甚至拿年纪、拿辈分说事儿的老师。

---

[1] 斯德哥尔摩综合征，斯德哥尔摩效应，又称斯德哥尔摩症候群或者人质情结或人质综合征，是指犯罪的被害者对于犯罪者产生情感，甚至反过来帮助犯罪者的一种情结。

教育动力
THE MOTIVATION

改变命运 | Extrinsic Motivation

为己之学 | Intrinsic Motivation

由兴趣引发的学习动力一定比功利的目标引发的动力更持久而有力。

教育动力：改变命运 VS 为己之学

美国教育心理学家霍华德·加德纳（Howard Gardner）教授在讲到学习动机的时候，把它归为两大类：外源性动机（Extrinsic Motivation）和内源性动机（Intrinsic Motivation）。

外源性动机，指人为了获得物质或社会报酬或避免惩罚而完成某种行为，完成某种行为是为了行为的结果，而不是行为本身，带有功利性，例如改变命运的动力。比如小时候我的老师跟我说："钱志龙，如果你想要改变你的命运，改变你家庭的命运，那你必须好好读书。"我当时就听进去了，也按照这个去做了，最后在学业上也成功了，所以我很感谢这位老师。但是在我个人身上实现的东西并不代表就是对的，就是好的，就适用于每一个人。况且，我们都知道，为了高考而努力读书的严重后果就是一旦进入大学校门，这个动力就会戛然而止。不相信的话，你去任何一所大学，你去男生宿舍，看看他们每天都在干什么。这十几年日复一日的艰苦学习已经把他们对学习的热情和动力完全榨干了、耗尽了。在他们刚开始，或者终于开始可以自主学习的时候，他们不想学习了。

内源性动机，指能帮助一个人持久地做好一件事的动力一定是取决于他自身的，源自于对某件事情的喜爱。孔子的"知之者不如好之者，好之者不如乐之者"说的就是这个道理。如果我们能更多地去关注这种动机，时不时地把孩子从"残酷"的现实中拉出来，问问他做什么事情让他最开心，并让孩子坚持做他喜欢的事，可能我们若干年后都会收获一份惊喜。而我坚信只要有一件事情能让一个孩子废寝忘食，即使这个社会竞争再惨烈，他也不会让我们失望的。很多顶级的设计师、匠人乃至厨师都是这么造就的。但是我们现在的教育价值观，以读四年本科或更高学历作为唯一的标准来判断学生好坏或成败，严重阻碍了这些同样应该得到尊重的职业和人才的发展。如果你的孩子注定要成为一名顶级的厨师，你非要把他生生拗成一个他毫无兴趣的律师，不但是这个孩子的噩梦，更是这个社会的损失。

教育视角
THE FOCUS

眼下 | Right now

未来 | Future

我们更应该关注孩子十五年之后的成就,而不是现在某一科目的成绩。

教育视角：眼下 VS 未来

关注点的问题，也就是一个视角的问题，我们经常忙忙碌碌的，眼睛死死盯着脚下每一步怎么走：该上哪个学校？进排名第几的学校？进哪个老师的班级？这个老师得过什么奖项？每天上课老师教了什么？下周要考什么？化学期中考试班级排名多少，年级排名多少？这样低着头走路，走着走着就容易走偏了。教育这件事情，跟别的行业最不一样的地方是，教育是具有"前瞻性"的，我们现在做的事情是为十五年以后做的准备，我们是在培养孩子适应十五年以后的世界，我们的目光应该往未来看。十五年以后的世界是什么样子的？十五年之后孩子面对挑战是什么样子的？我们能保证孩子今天考 100 分，我们能保证十五年后孩子考多少分？所以，请你们跟我一起抬起头，直起腰，换一个视角去遥望一下十五年以后的世界，你就不会如此焦虑了。

孩子的成长如此，学校的发展也是一个道理。一个学校的成功绝不在于它每年送多少孩子去清华北大。美国的很多百年老校，之所以能在外墙上爬满常青藤，你觉得它靠的是什么，是学费吗？不是，是校友的捐款。就像我之前在加州的学校，我们的学费不便宜，25 000 美元一年，在这之外，家长们平均每年还要再捐 3 000 美元，因为他们知道靠每年收的学费是不够学校一年的开支的。学费和捐款有着本质区别，学费是必须交的，而且是提前交的。但是捐款是几十年之后，当你傲然立足于社会的时候，你光宗耀祖的时候，突然想到，我能有今天，到底是受益于哪个学校？哪位老师？这个时候拿出的钱是心甘情愿的，而且一定是数目可观的。

教育结果
THE OUTCOME

谋生 | Making a living

生活 | Living a life

你为孩子设定的目标做出相应的准备,并承担最终种瓜得瓜的后果。

教育结果：谋生 VS 生活

凡是以结果为导向的东西，可能会出现一些短期的效果，但是也一定会出现问题。哪怕是做一个煎饼，如果每天想的是挣多少钱，那么你的这个煎饼注定会越做越难吃，越做越偷工减料，甚至用地沟油。但是如果你是真心真意地想把这个煎饼做好，用料充足，讲究品质且不断创新，你的品牌一定会越做越好，食客会越来越多，等待的队伍会越来越长，最后钱财也会滚滚而来。教育也是同样的道理，如果一个人每天想的是考上名牌大学，那么他就完全误会了学习的本质，丧失了学习的乐趣，更无从享受成长这个过程；如前所述，那些把考上大学作为唯一目标的孩子，一旦进了大学，他们什么都不想再学了，他们够了："你们给我的任务我完成了，我终于自由了。（Mom, dad, here you are. I've done it. I can live an idle life now.）"

但反过来，如果一个孩子每天想的是怎么可以学得更好，学得更开心，那他注定是个好学生，至少是擅长学习的学生，他最终一定不会让父母失望的。在美国的学校里，家长和孩子都很自在，没有那么多成绩和排名，但最后个个都是好样的。结果导向和过程导向的事情其形态和效果有本质的差别，所以我要大声呼喊：就请让孩子们在孩子的年龄安安静静地成长，做一个快乐单纯的孩子吧，这种快乐最终会转化成可持续的学习力和获得幸福的能力。

中西教育内容与教学方法的差异

- ★ 教师角色：知识的分发者、监督者 VS 学习的组织者、促进者
- ★ 教学内容：知识本位 VS 能力本位
- ★ 教材使用：教教材 VS 用教材教
- ★ 训练能力：记忆力 VS 信息处理能力
- ★ 教学手段：灌满一桶水 VS 点燃一把火
- ★ 学习方式：索取 VS 付出
- ★ 回家作业：重复做题 VS 团队作业

教师角色
TEACHER'S ROLE

知识的分发者、监督者 | Knowledge dispenser

学习的组织者、促进者 | Learning facilitator

老师如果不调整自己的角色和定位，也会像公交车售票员一样被淘汰。

教师角色：知识的分发者、监督者 VS 学习的组织者、促进者

我相信如果随便问一个路人：老师是干什么的？肯定有很多人会摇头晃脑地背给你听："传道授业解惑也。""传道"这个词我其实是喜欢的，自然的法则，教育的规律，这些都是极好的，可是老师们现在有在做这个事情吗？我们还忙着用一些自己都不相信的东西去给孩子洗脑呢。

古时候的"授业"，比如师傅带徒弟做好一个木匠的工作。因为"匠人精神"和"职业操守"在当代社会严重缺失，导致职业歧视甚嚣尘上，导致明明是艺术家的街头艺人甚至要沦为屈辱地被城管驱赶的乞讨者。现在每年毕业那么多百无一用的本科生，还没毕业就已经失业，还不如学一门自己钟情的手艺，用时间和双手去淬炼出美好的东西，反倒可以凭着这门手艺俯仰天地，自力更生。而现在所谓的授业，已经被曲解成知识的灌输或应试技巧的传授，完全不是那么回事了。

古时候，老师带着弟子晴耕雨读，周游世界，回答学生们提出的关于生活，关于世界的种种问题。其实我们的孩子，尤其是青春期阶段，更需要的不是学科老师，而是人生的导师，给他们指点一下努力的方向，听听他们的想法，教他们如何面对自我和世态炎凉。而当代的老师们在"解惑"方面做得最多的就是出卷子，改卷子，订正卷子。不过话又说回来，现在我们很多老师自己都还没有活明白，怎么指望他们去帮学生解惑呢？

我觉得是时候该重新审视一下老师的角色定位问题了。我经常吓唬我们的老师，这个时代变化这么快，如果你不赶紧思考，重新定位一下自己，很快会像公交车售票员一样被淘汰。随着世界逐渐扁平化，信息平面化，现在老师和学生之间的知识差距越来越小，或者说老师和孩子们获得知识的途径和速度越来越接近。在高科技运用方面，有些学生甚至早就走到老师的前面。所以赶紧趁学生还没彻底瞧不起你，赶紧走下讲坛，走下"神坛"吧。承认自己的不全知不全能，在学生面前示弱，不但不会失去你的尊严，反而会赢得他们对你人格的尊重。

示弱的另一个功能是赋权（Empower），他能带给学生更多的动力，更大的成就感，更多独立探索的主观能动性。我希望看到老师走到学生身边去，走到学生身后去，给他们提供一些探索的工具，营造一个轻松愉悦的氛围，提出一些有趣、有争议的问题，给予他们提出更多问题的机会。勇敢地，不耻下问地和孩子们一起学习、一起成长、一起去探索这个瞬息万变的精彩世界。

教学内容
THE CONTENT

知识本位 | Knowledge-based

能力本位 | Capability-based

教育的精髓应该是忘记了课堂上教的所有内容之后沉淀下来的东西。

教学内容：知识本位 VS 能力本位

我们来看看现在我们身边的世界，还是那个以知识为纲的社会吗？其实世界从来也不是以知识划分的。是我们人为地把知识割裂成一个个孤立的科目的。再说了，我们紧赶慢赶，能够追上这个世界发展的速度吗？我们所谓的帮孩子夯实基础，填满知识，真的能够让他们面对未来的挑战吗？现代社会的信息量呈几何式、爆发式（Exponentially）的增长。一个四年制的技术类大学，大二学习的东西，毕业的时候就已经被淘汰了。所以是不是一定要用知识来规范我们的教学，是不是记住几个公式就够了？我们高考的那一天，脑海里存储的知识总量一定是达到了最高峰的，是渊博的，但是高考完之后的一个星期到几个月的时间里，这些知识就灰飞烟灭了。

生活是立体的，我们遇到的问题也一定不是单学科的。要解决一个现实问题，靠的一定是跨学科的素养和跨界的能力。我们人为地把知识拆解成一门门的学科，单独地去教，单独地去考，以后我们却指望他们能融会贯通，这个逻辑是不是也有点问题？比如我们要熬一锅八宝粥，你先把这本来配好的原料，单独地挑出来，煮一锅绿豆，煮一锅花生，最后再和在一起，我们现在的学科教育就有点这个意思。

我们听到过太多留学生出国完全不知道怎么料理自己的生活这样匪夷所思的故事，这能怪孩子么？这些孩子在国内读书的时候一直被父母念叨：你什么都不用操心，一心一意把书读好。所以就造就了一群高分低能，高分无能，甚至是高分无德的学生。

教材使用
THE TEXTBOOK

教教材 | Teaching of textbook

用教材教 | Teaching via textbook

一个好老师一定不会被教科书捆住手脚,教材是给代课老师准备的。

教材使用：教教材 VS 用教材教

我们在中国经常听到的一个词：进度。进度到底是什么呢，不就是第几单元第几课吗？谁规定一年级的孩子必须会做几位数的乘除法？三年级不会的算术题，到了五年级不用教孩子自己都会了。晚几天，哪怕晚几年认识一个汉字是个什么大不了的事儿啊？3 500个常用字，最晚最晚到中学毕业不也都会了？

说实话，你知道教材对谁最有用吗？教材是给那些不太会教课的老师准备的，为那些代课老师准备的。好的老师才不稀罕用不用教材呢，更厉害的老师你逼她用哪本教材她就疯掉了。千万不要盲目放大教材的功能，它只是我们摄入知识的很小的一部分来源。时代在变，再好的教材如果几年都没更新过，它就一定不是什么好教材了。一个好的老师会灵活地使用教材，有选择、有批判性地使用教材，而绝不会被教材捆绑。

现在一去书店很糟心啊，满书架都是教材和教辅，把本来斯文清雅的书店搞得乌烟瘴气，兴味索然。我有一个朋友是做书店的，他本人是个儒雅的文艺青年，我经常担心他亏本挣不到钱。他说没事，我书店的一半卖教材养着另一半的风花雪月。听到这话，这房顶不够高，我不能长啸一声，我只能长叹一声了。我倒并不心疼家长花在这些教科书、习题册上的钱，现在大家都有这个条件，我知道你们买得起。但是大家有没有算一算孩子们花在这些书上的时间呢？一寸光阴一寸金啊，这可是孩子们脑子最好用的几年时光啊！

我们大人常爱挂在嘴边的一句话："别浪费时间。"什么叫浪费时间？复旦大学校长杨玉良教授说得好："误用时间比虚度光阴更可怕啊。"如果把全天每个小时都占满了，放在重复做题上，放在贪多嚼不烂的课外兴趣班上，那才是真正的浪费。我觉得孩子在这个阶段"虚度一些光阴"是没有问题的。而且，他们每天睁着好奇的大眼睛观察着这个多彩的世界，怎么可能是"虚度"呢？他们在吸收养分啊（Taking it in）。美国的中小学没有统一教材，也没有所谓的国家课程，50个州各自制定自己的教学大纲。有几家知名的大出版公司会出版各种教材和阅读材料，但并不会得到政府或教育管理机构的背书或强制使用，让市场决定优胜劣汰。而且，即使学校有统一的教学材料，老师们也大多不会被要求只能教课本里的东西，我见过的好老师都会自己去寻找适合课程需要的资料和工具。

训练能力
SKILL TRAINED

记忆力 | Rote memorization

信息处理能力 | Information processing

在知识爆炸的年代,学会如何获得、过滤、分析、使用信息才是关键。

训练能力：记忆力 VS 信息处理能力

比起信息匮乏的 20 年前，现在是一个信息大爆炸，甚至是信息泛滥的年代，我们要教给孩子的知识不应该停留在怎么记住这些唾手可得的数字和公式上，而是应该教他们如何"处理信息"。首先是通过什么手段收集信息，如何从鱼龙混杂的互联网上过滤出可靠的、有价值的信息。尤其是当某些搜索引擎已经被严重商业化的时候，如何识别虚假广告，如何辨认观点态度（Opinion）和事实（Fact）。获得信息后，我们还得再教他们怎样去整理、分析、分享信息，最后怎样利用信息去改变这个世界，这才是这个信息时代教育应该着眼的东西。

著名的教育心理学家本杰明·布鲁姆（Benjamin Bloom）将人类的智力活动总结为六大类：记忆—理解—应用—分析—评估—创造。记忆的确很重要，因为它是金字塔的塔基，学习之始需要大量的记忆，无论是中文汉字还是英文单词，没什么捷径可走。但是我们不能停留在那里啊！人类进步需要你沿着金字塔往上爬，需要你使用更高的智慧去解决更复杂的问题。不是等到 12 年级打好了所有的基础才开始创造，而是从一开始，在锻炼记忆力的同时，就要腾出一些时间来学会分析整合，学会批判创造。

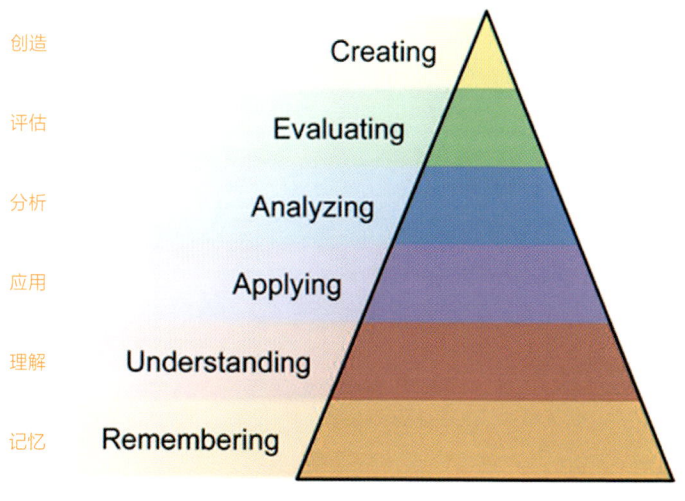

布鲁姆分类法（Bloom's Taxonomy）

教学手段
TEACHING METHOD

灌满一桶水 | Fill a bucket

点燃一把火 | Kindle a fire

找到每个孩子心中那个小火星，给它氧气和空间，它就会熊熊燃起。

教学手段：灌满一桶水 VS 点燃一把火

小时候听过这样一个比喻：老师要给孩子一瓢水，自己要有一桶水。当时听听好像还挺有道理，还曾经用它来勉励自己做个更称职的老师。可现在再想想，好像又不对了，好像已经过时了。难道说，老师今天高兴了，多分你一点，明天学生多，每个人就少匀到一些吗？而且这桶水，放那么久，几年也不换，早就馊了吧？在这个信息平面化的时代，老师已经不再是那个知识的 Gate Keeper（守门人）或 Dispenser（分发者）了，孩子们不一定必须通过老师才能获得信息了。

我更喜欢西方的这个比喻：教育实际上是要点燃孩子心中的那把火。先帮孩子一起找到他心中的那个火种，那个火星儿，除了最开始帮他擦出这个火星儿，给它提供氧气，更重要的是还要给它空间，火就起来了。至于最后这把火能烧多旺、能燃多久，都是看孩子自身的能力，而不是靠我们大人给的。西方的老师常常是在提问题，让孩子自己去思考，而不是整天在给孩子们灌输知识。他们也会鼓励孩子们提问题，但并不负责给出答案，希望孩子们通过培养自己探究和研究的能力去找到答案，找到不同的答案。

学习方式
HOW TO LEARN

索取 | Receiving

付出 | Giving

帮助孩子的同时也削弱了他自助的能力,助人的过程却能获得很多力量。

学习方式：索取 VS 付出

在中国，大家有没有注意到，大多数时候学习是通过索取：家长不惜代价送孩子上最贵最有名的学校，重金聘请最火最大牌的私教，几乎设定了孩子靠自己是拼不出前途的。真的是这样吗？我们在为孩子常年请家教的时候是不是也打击了他的自信，甚至损耗了他自我修复的能力呢？家教其实就像"束腰带"，那种帮助腰椎受伤或腰肌劳损病人的腰带。用过的人肯定记得，医生会关照你不能常年用，为什么？它确实能帮你克服暂时的痛苦，但是一旦你对它产生了依赖，你的腰肌得不到锻炼，最后会导致你一辈子离不开它。

常有人问我英语为什么学得这么好，我告诉他们我的英语不是学出来的，而是教出来的，我从中学的时候就开始做家教。很多家长会不理解，自己学习和考试都忙不过来，怎么还有余力去帮别人？只有我自己知道，其实我获得的更多。因为如果你想要更好地帮别人学，自己就先要学得更好更认真，不敢耽误别人。同时，你从学习者和教学者两个角度去看问题，会更全面，知识会更巩固。你们经常会听到笑话吧？但是你们多少人能随口就讲一个笑话？因为你们只是听过，没有复述过，所以记不住。这就是"教学相长"最基本的道理。

所以，换一个角度，比"索取"更好的学习方法是"付出"。我鼓励即使衣食无忧的家庭也要刻意地创造些条件让孩子去体验一下勤工俭学、自食其力，不一定要挣多少钱，关键在于通过体验劳动的艰辛，学会珍惜和感恩，还能锻炼将来在职场中至关重要的企业家精神。然后再是无偿的、无功利心地去帮助那些需要帮助的人，去体验一下给别人帮助时给自己带来的成长体验。反正我知道自己是这种学习方式的受益者，通过不断思考怎么才能更好地帮助别人学习，推动我不断突破自己，成为一名更好的老师。

回家作业
THE HOMEWORK

重复做题 | Repeated exercises

团队作业 | Group task

没有人能比一个充满好奇心的孩子更努力，作业不在量，而在于做什么，怎么做。

回家作业：重复做题 VS 团队作业

请你们摸着胸口回答我，孩子回家你通常问的第一句话是什么？"作业做完了吗？"（全场哄笑）谢谢你们的诚实，一人奖励一朵小红花。（再笑）不管我们知不知道为什么，这是我们多年来养成的一种习惯，一种坏习惯。就好像我们总喜欢把牙膏沾湿以后再刷牙一样，那是不对的。我们在做什么之前别忘记先问一个为什么。你们能不能同意我这个论点？再称职再用心的老师也还是没办法为 20 个孩子准备 20 份不同的作业。虽然理论上我们想因材施教，但老师给的作业，很大程度上内容是一致的，甚至在个别不愿意或不懂得如何参与孩子学习的家长的要求下，是多于我们认为足够的量的。但它不代表说它必须一致地被完成啊！

我做校长，会给家长这样一种权利。什么权利？拒绝的权利。全天下谁还能比你更了解你亲生儿女的情况啊？家长应该要进行这样的批判性思考，看看这些作业是否该做，想想老师布置这些作业是为了实现什么目标。如果这些东西你家孩子已经全部掌握了，你完全可以第二天亲口或通过微信跟老师说出你的想法。但你说话必须要有艺术哦，你不能显出你在挑战老师的权威，或者你在为你孩子争取一种特权，你尤其不可以让你聪明绝顶的孩子闻出一丝丝你对老师的不尊重，不认同，不客气。这些小家伙可"坏"了，他一旦尝到"有人撑腰"的甜头，回头再跟小伙伴一炫耀："我妈把老师给训了，我以后再也不用做作业了。"咱们就都吃不了兜着走了。

在西方学校，我们经常不是给一个孩子布置一堆功课，而是给一堆孩子布置一个集体作业。我举个例子，我自己教过的一门世界公民课，最后的结课内容是行动学习。我们谈做公益，做志工。学生们自己用民主的方式决定主题或研究的方向，自己联系采访的对象或参观的机构，自己决定项目最后会帮助的对象和形式。有了这种驾驭感和责任感，他们的热情会被调动起来，一群孩子各自分工聚在一起忙活，真的可以废寝忘食。随他们去忙活，现在的孩子，没有营养不良的，饿一顿绝不会有事的。我想说的重点不是饿你们的孩子哦，我想提醒的是：作业不在于量，而在于做什么，怎么做。

中西教育课程设置的差异

- ★ 音乐：汇报表演 VS 欣赏熏陶
- ★ 体育：体能达标 VS 强身健体
- ★ 美术：技法 VS 想象力
- ★ 劳技：技能 VS 服务
- ★ 语文：做题 VS 阅读
- ★ 数学：算数的本领 VS 数字的艺术
- ★ 外语：听说读写 VS 通过语言学习
- ★ 德育：爱国主义 VS 情感教育

音乐
MUSIC

汇报表演 | Performance for others

欣赏熏陶 | Appreciation for oneself

比汇报演出更重要的是孩子受用终身的跨国界的音乐修养和审美情趣。

音乐：汇报表演 VS 欣赏熏陶

在我工作过的学校，我总是把音乐老师捧得很高，可能一方面也是因为自己的缺失吧，小时候很想学钢琴，但是没有那个时间和条件，长大以后再勉强去听音乐会，毕竟错过了埋种的季节，多少有点附庸风雅的嫌疑了。我觉得音乐老师们在做一件极其重要的事情，打破国家和语言的界限，给孩子们一个陪伴他们终生的朋友。

西方的音乐课更多强调的是欣赏，个人情操的培养，即使是学一门乐器，也是为了让孩子找到一个可以表达自己的工具和安慰心灵的方式。

而中国的音乐课更多强调的是它的形式和产品，好一点的学校在学年终了的时候，音乐老师卯足了劲儿必定要整出一台辉煌隆重的汇报演出。这个是可以有的，但是不能走偏，还是要回归教育的根本意义。我曾见过一名百老汇出身的音乐老师费尽心思，编排了全校的小学生（给他做群众演员），上演了一部华丽丽的音乐剧。演出效果无论是歌舞、灯光、音响都可圈可点，非常有品质。但是后来家长们告诉我，孩子们或因为动作不到位，或没有按导演安排的去诠释角色而遭老师责骂，那我就觉得本末倒置了。

我不知道你们有没有这样的经历，我记得小时候上舞台前，我们藏在厚厚的幕布后面，像排着队等待被剪毛的小绵羊，老师用廉价的口红抹在手心，然后狠狠地揉在我们脸上。我始终不理解把本来童真美好的孩子们涂成那种毫无美感的猴屁股脸是图个啥，而那种五官被揉得挪了位的痛感却让我至今刻骨铭心。

PHYSICAL EDUCATION

体能达标 | Meeting requirement

强身健体 | Health and fitness

从小养成运动的习惯和特长决定了你能否在美国高中和大学幸存下来。

体育：体能达标 VS 强身健体

小时候我最讨厌的就是体育课，不是我不明白体育课的意义所在，而是我完全不能接受那种无趣而功利性特别强的教学方法。体育课的内容无非就是向左转、向右转、跳高、跳远、短跑、长跑、引体向上、仰卧起坐等等无聊透顶的项目。一般都会有硬性的达标要求，不及格还不能毕业。这让我想起那些不吃蔬果每天靠吞咽维生素片生活的人。那个年纪的小孩子本该是通过山林里爬树、河沟里凫水来提高身体素质和协调能力的，但我们又一次用考试达标生生扭曲了一个孩子对一门学科的态度。我现在最嫌弃自己的地方就是不爱运动，这就是当年体育课造下的孽。

我第一次看到美国的体育课时，当时的感觉就是："哇！原来体育课还可以这么上，体育课还可以这么有意思。"不管孩子多大，无一例外都是以运动项目为手段达到强身健体的目的，而不是为了能做引体向上而做引体向上。美国的体育课上，常规一点的运动项目有足球、篮球、羽毛球，等级高一点的有冰球、马术、高尔夫。而且在国外你在运动方面的能力和发展状况还跟你的社会活动息息相关，一个体育不好，气质不阳光，身体不健康的学生，哪怕成绩再好，是完全没有可能被选为学生会主席的。这和中国的情况完全不一样。

美术
FINE ART

技法 | Techniques

想象力 | Imagination

如果要付出扼杀想象力和创造力为代价学会某种技法,那还不如不学。

美术：技法 VS 想象力

曾经有朋友说他的孩子喜欢画画，请教我怎样找老师。我不是这方面的专家，但我的直觉是中国的美术课太注重技法，老师甚至要手把手地教学生怎么用笔。严厉一点的书法老师会先让孩子们写横竖，一写写几个月，稍微出错还要打手板。我相信书法家是必须这么练的，但时代不同了，孩子们的专心态度和所受的诱惑已不可同日而语。如果一味地以培养第二个王羲之的方式去向一屋子心有旁骛的孩子普及书法教育，只会把他们越推越远。你让他们先写100个横，再写100个竖，我敢保证，最后他们就不跟你玩儿了。我们能把马牵到河边，谁又能强迫马儿喝水呢？

西方的美术课更多强调的是兴趣和表达，他们认为艺术是探索内心、抒发情绪的一种手段。我们常常以为我们可以教给孩子想象力和创造力，其实他们生下来就有，是我们这些自以为是的大人们一年一年、一点一点把他们修剪掉了。西方的美术老师非常注重保护孩子本真的想法和不成熟的技法，老师们会把不同的工具诸如油画棒、毛笔、水彩等等介绍给孩子，先让他们去涂鸦，去尝试，而不会要求一定要按照某个方法横平竖直地描绘出来。"画得像不像"是评价一幅作品最低级的标准，除非你想把孩子培养成宋庄专门雇来伪造赝品的画工。

劳技
HANDICRAFT

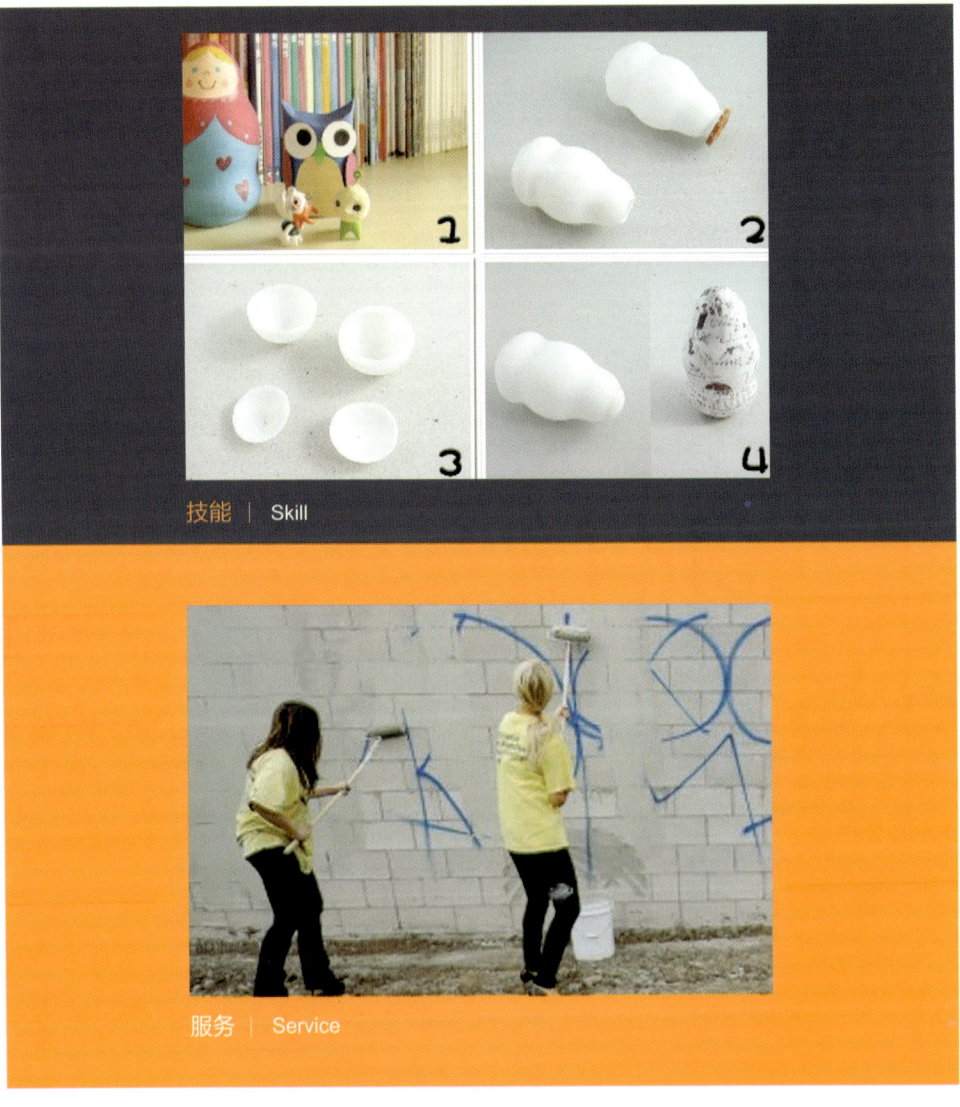

技能 | Skill

服务 | Service

从小学会对体力和技能劳动的尊重能帮助消除甚嚣尘上的职业歧视。

劳技：技能 VS 服务

我记得小时候在劳技课上做过一条短裤，连我爸这么不挑剔的人都不愿意穿，因为面料实在很差很廉价。我倒不是势利地去评价一项技能有多么实用，但是我认为劳技课的真正意义在于让孩子理解劳动的意义和价值，让孩子们动动手，体验劳动的艰辛，会油然生出对劳动成果的尊重，进而转变为对劳动者的尊重。现在的中国社会职业歧视这么严重，很大程度上来源于我们的一个错误观念："体力活是下等人干的事情。"有的孩子可能天生就是一个很有天分的厨师或者美容师，你非要逼他去做律师、会计师，结果造成所有人的不幸和社会的损失。

在美国，不论多大的孩子都要参与劳动，十几岁的少年可以去餐馆端菜、超市收银，几岁的孩童也可以帮妈妈清洁厨房，帮爸爸打理草坪。他们从小学会用劳动换来自己想要的东西。富裕家庭和富贵家族仅一字之差，关键就在于怎样定义那个"贵"字，是昂贵的贵还是尊贵的贵。贵族气质养成的最关键因素一定不是祖上的阴德和财产的继承，而在于孩子是否从小学会了责任和担当，从扫一个屋子开始，到养一个家庭，从照顾血肉至亲到帮助陌路弱贫。中国话说：富不过三代。但有没有人认真思考过为什么会这样？很多勤劳致富的父母不再愿意孩子受他们曾吃过的苦，这种一厢情愿的父母的小爱铸成了很多大错，让很多孩子从小浸淫在宠溺之中。不但没有机会锻炼任何生存所需的多种能力，更没有学到诸如"感恩、珍惜、分享"等珍贵的品格。

语文
LANGUAGE ARTS

做题 | Exercise

阅读 | Reading

如果通过做题就能培养文学素养，那也难怪好作家们纷纷退出作协。

语文：做题 VS 阅读

你们可以看到我的顺序，把音、美、体、劳放在最前面，因为我认为这才是素质教育的核心课程。当然语文的教学也很重要，几乎是一切学问的起源和基础。但不得不说，国内的语文教学方向严重走偏，变成了一种以题为纲的学习方法。语言的魅力在于它的表达和文学性，没必要把语文拆解成一个个孤立的元素。在欣赏文字之美的过程中，识字量是水到渠成的事，不用强求，快求。3 500 个常用字，大家最后都能会。大量的生字积累并不是来自学校里发的那 12 年的课本，而恰恰来自于家长眼里的闲书、杂书。反正我是读金庸长大的，我觉得很好。

很多人只知道我是一个留学生，但大家不知道其实我还是一个留级生。在高中的时候因为生病休学过一年，当时觉得世界都昏暗了，成绩落下不说，多丢脸啊！不能跟同班同学一起毕业了。但事实上是，除非我自己说出来，不然现在没人会知道。而最关键的是，留级并没有摧毁我的人生，比别人晚一年毕业并没有给我带来什么损失。每次听见家长们为了让孩子早上一年学，不惜采取一切手段去撒谎，甚至去求人改出生证、户口本的事情，我由衷地表示不理解并嗤之以鼻。

相反，许多年过去，我回头再看这段经历，我觉得那一年的休学对于我的成长是很关键的一年。我终于可以停下来，停下每天像骡子推磨一样周而复始地上课，做作业，考试，讲试卷，再考试的节奏。我终于可以去做一些我一直很想做但是没有时间做的事情，我终于可以去一些一直很想去却没有时间去的地方。我终于可以去读一些之前一直想读却没有时间读的书，我读完了《三毛全集》和金庸的全部作品。

数学
MATH

算数的本领 | Arithmetic

数字的艺术 | Art of numbers

孩子一年级就能做三位数的加法这件事我们究竟可以得意多久？

数学：算数的本领 VS 数字的艺术

很多将来打算送孩子出国的家长会坚持说，我一定要让孩子在中国上完小学，因为中国的基础数学教育很扎实。我很同意他的第一个观点，把孩子的童年留在中国，扎下中华文明的根；但是我要质疑他的第二个观点，即所谓的"夯实基础"。有在纽约法拉盛住过的吗？法拉盛的华人超市有一个特色，就是收银员对于葱姜这类不易扎捆打包贴标签的东西，都是当场过磅，所以收银员必备两项技能：第一，先要将所有蔬菜的价钱背得滚瓜烂熟，第二是乘法口诀谙熟于胸，两位数的加减乘除零误差。

没错，让我们中国的孩子跟美国的同龄孩子PK三位数的加减乘除法，中国孩子会毫无悬念地胜出，那又怎样？这种技能难道要得意一辈子吗？算数，充其量只是数学里最基本的一项技能。而数学说到底是数字的艺术，是藏在数字背后的逻辑。我们应该尽快把教学重点从计算器已经取代的算术能力转移到培养孩子对数字的深层理解和概念的运用上。

我在大家眼里应该算是个文科男，但是作为学霸，我当年数学也是可以考满分的。因为熟能生巧，铁杵终于磨成了针。但是现实生活里，谁又真的会为了得到一根针去浪费一根本来可以做成锤子的铁杵呢？就我个人而言，虽然为了升学奋力拼出个好分数，但整个过程让我恨透了数学，以至于当我得知大学里文科生完全不用学数学，我高兴得如被女王特赦的死囚。12年的磨炼彻底摧毁了一个孩子对于一门学科的兴趣，这个代价是不是有点大？

外语
FOREIGN LANGUAGE

学习关于语言的知识（语法、词汇） | Learn about the language
学习如何使用语言（听说读写） | Learn to use the language
通过语言学习（思考） | Learn through the language

把语言不再当成一个学科去学习，而是作为一种工具去获得信息。

外语：听说读写 VS 通过语言学习

英语作为第二语言教学，是我第二个硕士专业，我真要开讲可能一个下午都停不下来。我今天只简单讲一下外语学习的三个方法或三层境界。第一层，学习关于语言的知识（Learn about the language）。六十多年前就开始使用至今还未绝迹的语法翻译教学法（Grammar Translation Method），主要就是靠对语法的学习和词汇的积累，通过翻译反复操练语言之间的机械转换。这种貌似严谨却不实用的教学法造就了中国好几代哑巴英语的学习者。

第二层，学习如何使用语言（Learn to use the language）。沟通教学法（Communicative Method）是通过听说读写各项技能的分头训练来提高孩子驾驭语言的能力，相比语法翻译教学法，它明显有了进步，也终于让人开口说话了。但它忽略了一项比听、说、读、写更重要的技能，我叫它第五技能——想，思考的能力。你知道我什么时候开始知道自己已经是个双语者了吗？是我的室友告诉我的："大龙，昨晚上你说梦话了，而且是用英语说的。"

第三层，语言习得的最高境界，或者我个人认为最有效率的学习方法是通过语言去学习（Learn through the language），也就是我们业界所说的双语沉浸式教学法。要把一整套教学法说清楚需要一个学期，但是用一句话来形容就是把语言不再当成一个学科去学习，而是作为一种工具去获得信息。在知识的获得过程中就习得了活生生的语言，这样得来的语言既容易理解又耐于保存。

德育
CHARACTER EDUCATION

爱国主义 | Patriotism

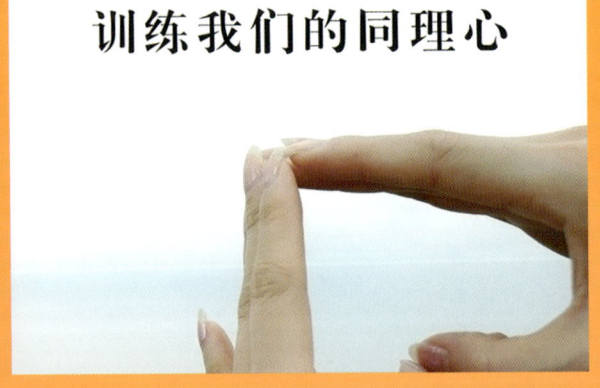

情感教育 | Social Emotional Learning

与其过早空谈爱国主义，不如让孩子先了解自己的情绪和怎样管理它。

德育：爱国主义 VS 情感教育

现在中国社会出了很多问题，德育的失败难逃其咎。有人说，不是啊，每个学校都有一个副校长主抓德育啊！爱国主义重要吗？当然重要，一个没有国格的人是没有人格的。但是爱国仅仅靠升个国旗唱个国歌大声喊个口号就教会了吗？怎么教孩子爱国？最好的方法是什么？送他出国。当他一个人常年在海外漂着、举目无亲的时候，当他在海外遇到挫折、被外人欺负的时候，当他在美国的奥运会上看颁奖典礼的时候，有一个强大的祖国在背后，可以让他在外国人面前不低头，这个时候爱国情怀自然会生出来，根本不用教。

成功的道德教育最关键的是选用适龄的内容和适龄的手段。美国没有思想品德课，但是有公民课程，教会孩子社会的秩序以及循规守法的必要性。小学阶段强调社会情感教育（Social Emotional Learning），这也是美国最新几年才开始越来越重视的一个领域。孩子应该了解自己的七情六欲，以及如何去管理并表达自己的七情六欲，有些东西不是天生就会的。

情感教育中很重要的一条就是 Empathy，很重要的一个课题，但在祖国大陆都没有一个恰当的翻译。台湾把它译成同理心，它不是一种居高临下的同情，它是一种换位思考、设身处地体谅别人的共情能力，一种对他人甚至其他物种感同身受的悲悯。我们的独生子女普遍缺乏这种情感，不是孩子的错，六个大人围着一个小孩转，怎么可能有机会学会体谅别人？但是怎样去教呢？讲大道理是没有用的，身教永远大于言传。

中西教育评价的差异

- ★ 测评目的：总结性 VS 形成性
- ★ 测评种类：常模参照 VS 标准参照
- ★ 测评标准：单项选择题 VS 开放式问题
- ★ 测评方式：单一 VS 多元
- ★ 测评结果：公开 VS 隐私
- ★ 学校评估：升学率 VS 综合指数

测评目的
PURPOSE OF ASSESSMENT

淘汰、升学、惩罚（总结性） | Summative

反馈、修正、补充（形成性） | Formative

厨师在做菜的过程中尝出问题并及时修正就不至于遭到食客抱怨。

测评目的：总结性 VS 形成性

你们知道朋友圈里哪一类的微信点击率最高吗？自测类的。什么测测自己的心理年龄啦，有没有同性恋的潜质啦，我在后宫里能活多少天啦，一句话，中国人就是爱考试，已经烙下病了。我们有没有停下来问一问，我们到底为什么要考试？中国的测试大多有非常现实的目的，比如是淘汰、升学，甚至惩罚。这种我们学术界称为"总结性"（Summative）的测试，这种考试在中国用得很泛滥，很暴力。很多时候不是为了测试而测试，而是为了测试的结果而测试，当然这其中有中国的教育资源不平均的因素在里面。

其实另一种测试更值得我们去探究，那就是"形成性"（Formative）的测试，这些术语也不好懂，我再来打个比方。比如你去餐馆吃饭，菜端上来，你尝一口：嗯，这道咕咾肉做得很正宗，酸甜可口，你上大众点评点个赞打个分，这就是总结性测试。但如果你作为厨师，你在做菜的过程中，你尝个味儿，淡了加些盐，咸了再添些水，那就是形成性测试。它的功能是及时反馈，马上调整。放到教学过程中，就是老师通过课堂练习检验教学效果。如果一道题，三分之二的学生都答错，那肯定是教学过程出了问题，要么考得太难了，要么讲得不清楚，老师可以马上做出调整。这两种手段各尽其责，应科学地、有选择性去使用。

测评种类
TYPES OF ASSESSMENT

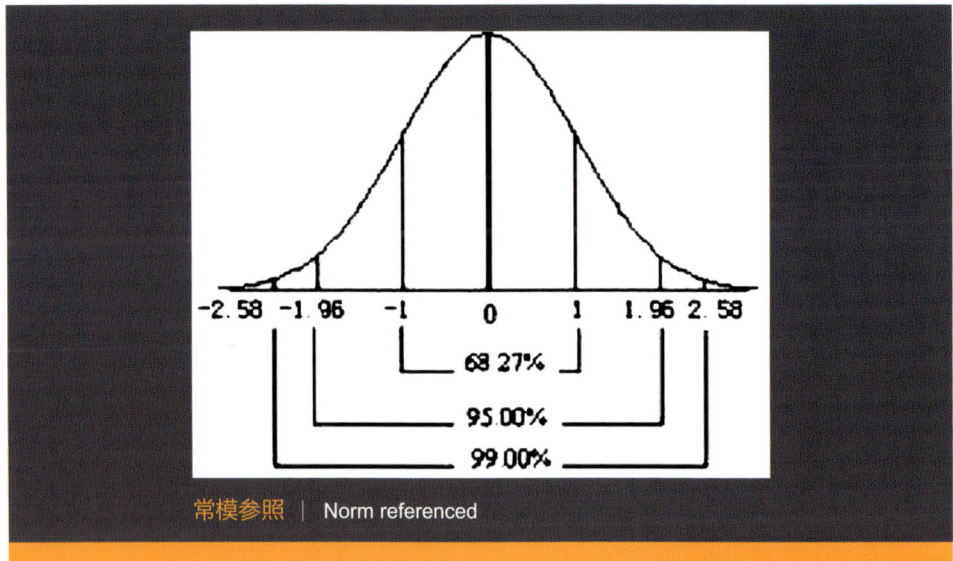

常模参照 | Norm referenced

标准参照 | Criterion referenced

出题老师不应该因为能把学生按正态分布划成三六九等而扬扬得意。

测评种类：常模参照 VS 标准参照

聊到作业，不能不聊考试，或者更学术一点的说法：测评。测评一般被归为两类，一类是常模参照，一类是标准参照。好讨厌，钱博士又在掉书袋了，我打个比方帮助大家理解这两个术语。iPhone7 终于出来了，你朋友圈里有 50 个人，5 个铁果粉是必须要连夜去排队，成为第一批用户的；有 10 个人看见他们用得不错，也跟着买了；但还有 10 个觉得三星也挺好，屏幕大、省电、还能自我防卫；还有 5 个人天天骂苹果客服这么差还卖这么贵；中间 20 个用什么都无所谓。这就叫统计学上的正态分布。

你们有没有遇到过一种老师，我们权且叫她"正太（态）老师"吧。（笑）她对学生很严厉，对自己更苛刻，每次出考卷她都给自己设定这样一个目标：50 个学生的班，最后怎么也得有 5 个学生 100 分吧，也得有 5 个学生不及格，10 个学生 90 分以上，10 个学生 60—70 分之间，剩下的 20 个在 70—90 之间晃悠。不达到这个正态分布的效果把学生分成优良中可差，这张试卷出得就没水平，这就叫常模参照。

而标准参照的测评比较简单，以一个标准为目标，只要过了就 OK 了，大家都过了更好，就比如考驾照。在西方的学堂里以这种考试为主，学生一路过关斩将，超越自己，而不用跟同班同学拼个"你死我活"。

测评标准
STANDARDS OF ASSESSMENT

单项选择题 | Multiple choices

开放式问题 | Open-ended questions

给孩子什么? What to give them?

一个总结 | A conclusion

一个启发 | An inspiration

其实找到答案的根本意义是为了提出更多的问题，引发更多的思考。

测评标准：单项选择题 VS 开放式问题

在国外有这么一个笑话，有些民调公司找不到人来做问卷，最后就找中国学生，为什么？不是因为中国人穷疯了为了赚那几块钱的参与费，但只要是在中国公立教育系统下长大的孩子对这四个圈圈特别有感情，看到就会不自觉去把它填上。单项选择题的特色就是唯一答案，容易测也容易统计。我小时候帮老师改卷子，拿个蚊香把答题纸烫出一排洞洞，几秒钟就能改完一份卷子。

但事实上，生活中很多问题并不一定只有一个答案，或者说只有一个统一的标准答案的。这个世界还有很多问题并不是非黑即白的，我们迟早有一天会遇到进退维谷，左右为难的境况。我们从小应该让孩子们知道这个情况，并多少让他们做点准备。灰姑娘的命运一定要掌握在王子手中吗？她后妈对自己女儿的爱有没有错呢？我们已经被很多自己都不相信的东西洗了脑，就别再接着去给孩子洗脑了。

中国教育还有一个特色，就是大人们经常给孩子一个总结，这一段的中心思想是什么，这篇童话故事教会了我们什么重要的人生道理，而且往往答案是标准化的，唯一的。孩子们还没来得及有任何想法，老师已经把答案说出来了。孔子说的"不愤不启，不悱不发"就是大声反对这种做法。老师们如果自己不会批判性思考，怎么可能鼓励孩子去破框思考（Think out of the box）？

中国的孩子上课时被告知答案的机会远远大于他们提出问题的机会，所以普遍不太愿意提问题，怕提问题，老师一说请大家提问，大家不约而同低下头去。不要笑，你们也是这样的，不信我们试一下。久而久之，就真的不会提问题了。这个跟我们说的低眉垂目的礼仪并没有直接的关系，而是习惯的问题，小时候没有机会训练而已。其实好的老师该擅长引导孩子提问，并通过一个问题激发出更多的问题，让学生时时刻刻有很多想法在大脑中激荡，这样他们才可能最终问出那些最有意义的问题，并靠自己的努力找到解决这些问题的方法。

测评方式
WAYS OF ASSESSMENT

单一 | Single

多元 | Diverse

很多大学拒绝看 AP 成绩，因为意识到学生为得到高分所付出的代价。

测评方式：单一 VS 多元

中国目前的测评方式还是比较单一的，甚至是唯一的。很多体制外的家长的焦虑大多数时候来自于，他们不知道学生都学了些什么，老师都教了什么。但你真要坐下来跟他讲课程大纲，她又没那个耐心去听。在竞争环境里生存久了的人，他们更想知道孩子的名次，哦，全班排15，还行，比上不足，比下有余，神经稍大条些的家长就认命了。就好像，从高到矮要挑20个人去组成敢死队，你左右看看，比你高的有30多人，你就踏实了。

而西方的测评就会有很多的形式。孩子是鲜活而立体的，他们在学校的收获成长也是多维度、多层次且有渐进顺序的。与其用一个分数，一个排名来粗暴地排列，我们更愿意用更多元更多角度的方式去测评学生，最后也用一种更立体更生动的形式去汇报他们的成就，比如课堂讨论，口头报告，视频制作，课外探索，论文发表，项目设计，读书报告，野外考察，社会实践，公益劳动，不一而足。这些形式所反映的是孩子的什么？我不告诉你们，你们自己说。来，我们一个一个来：

"独立的思考能力，沟通辩论的能力，公众演讲的能力，获得并分析信息和数据的能力，研究并进行学术写作的能力，结果导向倒推演绎的能力，精读泛读的能力，野外生存的能力，协作共赢的能力，关怀他人、帮助弱小乃至拯救地球的能力。"

我只是随口说了一些，你们觉得重要吗？传统的课堂里有教吗？有考吗？而这些实力都是孩子们将来出国留学时必须具备的竞争力，也是在中国孩子出国时面临最大挑战的领域。

这几年AP席卷中国，好像没几个AP成绩都不敢申请美国大学了似的，对此我是有所担忧的。其实AP的全称Advanced Placement，高中时期修习大学的课程，实在是锦上添花的东西。AP的初衷其实是更大程度地因材施教，并不是鼓励多种多收。而且AP本来有一套完整的课程体系，但传到中国却完全变了味道，又变成另一个像SAT一样的考试体系了。

现在有一些真正的名校甚至开始拒看AP成绩，倒不是认为学生作假，至少这次不是。但究竟是为什么呢？我们只看到孩子们选了那么多科目去考，每门都拼出那么高的分数，那这些孩子到底对哪门学科更感兴趣呢？我们是不是也该停下来想一想：在他们埋头做题的时候，别的高中生在做什么？那他们错过了什么？他们付出的代价又是什么呢？

测评结果
RESULT OF ASSESSMENT

公开 | Publicity

隐私 | Privacy

比起长期蒙辱的"差生",那些承受莫大压力的"尖子生"们更让人担心。

测评结果：公开 VS 隐私

中国有些学校至今还有 Shame Board，中文怎么翻译？如果相对于光荣榜，那就是"耻辱榜"了？对十几岁的孩子用这样的词汇未免有点太狠了吧？这个东西真的会激励孩子吗？中间的那群还有可能会受到激励继续往上游，留在底层的孩子可能就自暴自弃了，590 名和 480 名有什么本质的差别？但是再仔细想想，这些孩子其实还好，他们至少还锻炼了非常强的抗压能力，阿 Q 精神，甚至另辟蹊径的思维方式。至少我上中学的时候，班级里经常被老师树"典型"的几位同学现在都非常有作为。因为企业家精神里很重要的一条就是抗挫力。

其实更令我担心的是那些在榜尖上的学生，父母可能还在沾沾自喜、洋洋得意，其实那种居高不能下的压力是多么恐怖啊！我在美国亲眼看到很悲壮的例子：一些在国内一直都是优等生的孩子，到了美国以后，他们训练了十几年的应试技巧突然失效了。如果他们还通过留学中介采取一些不正当的手段进入了一所其实不属于他的学校，那情况就会更糟。

这就像是把淡水鱼突然放入了海水之中，文化上的冲突，生活上的不能自理，饮食上的不习惯，没有朋友和可以倾诉的导师，学习方法、测评方式的差异让孩子无所适从，自信心被彻底摧毁。我怎么也算是个学霸级的学生吧，留学第一年也是生不如死。上课一半时间不知道在发生什么，每天要读的东西堆成山，越欠越多。大家集体讨论的时候我就干瞪着眼，好不容易想好了一句话想说，大家已经翻篇了。

现在自费留学的家庭占多数，也有些家庭是全家省吃俭用送孩子出国，抱着投资的心态，相信孩子能挣得回来。你们能想象当这些孩子考试不及格的时候，不能拿到毕业证的时候，被查出作弊造假的时候，他们承受的是什么样的压力吗？最后可能会出现什么样的后果，你们还要我说下去吗？

在国外，成绩绝对是隐私。有些学校甚至把学生的成绩封好了，直接寄给学生。不得到学生的签字，连家长都没有权利看。当然，我觉得这就有些做过了。好歹是家长交的学费，这么贵的彩票我买了你还不让我刮开？至少让我看见"谢谢您"吧。

学校评估
APPRAISAL OF A SCHOOL

升学率 | College admission rate

综合指数 | Comprehensive index

学生用血泪换来升学率为学校赢得声名,从而吸引更多的狠心的家长。

学校评估：升学率 VS 综合指数

说完个人的测评，我也顺便聊一下学校的评估。中国学校的评估基本上是建立在单一标准上的，那就是升学率。很多所谓的"名校"，说到底先用很高的分数线搂来一批上好的学苗，用高强度的练习去磨炼他们，把他们训练成考试的机器，送他们去排名好的学校，再把学校的声名建立在这些学生的成绩上，去吸引更多的狠心的家长送来更好的学苗。其实这些学生能在学校得到的改变和提高是极有限的，本来都是好苗子，他们在任何地方、任何学校都会是出色的。而他们为获得所谓的"成功"所付出的代价也是值得研究考量的。真正好的学校不是让能考90分的孩子考到95分，而是让不爱读书的孩子爱上读书。

其实越是好的学校，越容易实现"有教无类"。那为什么私立学校一般都有入学面试呢？别的学校我不敢代言，但如果我在做录取面试，我一定不是在挑孩子，我是在挑家长。六七岁的孩子能有什么大差别？早认几个字，多说几个英语单词，他将来就能拯救地球吗？都是一块块璞玉，形态颜色各异，有些必须一直琢到最后才显出最华丽的成色来。而找到志同道合且教育理念相似的家长，对于学校的长远发展至关重要。

我在美国有个做大学校长的朋友，每年会收到张罗排名的杂志或机构寄来请他打钩打分的大厚本。美国3 500多所高校，这分儿你怎么打呀？到最后无非也就是个道听途说而已，或者凭着私人关系和感情。我个人以为，谁把大学排名看得太重，谁就输了，尤其是那些所谓的世界排名，有什么意义呢？没有最好的，只有最适合你的大学。

中西教育文化的差异

- ★ "好"学生：班干部 VS 小帮手
- ★ 课外活动：证书导向 VS 兴趣驱动
- ★ 志愿者：政治任务 VS 真心行动
- ★ 教室：填鸭工厂 VS 火星四溅的工坊
- ★ 玩：家长的权利 VS 孩子的权利
- ★ 假期：补课补课 VS 体验生活
- ★ 健康：身体健康 VS 身心灵健康
- ★ 安全：过度保护 VS 适度冒险
- ★ 校服：追求整齐划一 VS 掩盖贫富差距
- ★ 竞争：个人输赢 VS 团队胜利
- ★ 家长会：教师主导 VS 学生主导
- ★ 家校关系：消费者 VS 同盟军
- ★ 家长角色：宠溺、代劳、苛责 VS 陪伴、支持、倾听

"好"学生
ADVANCED STUDENTS

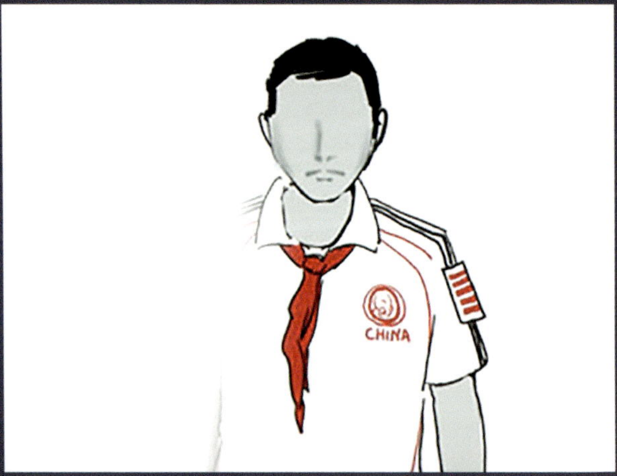

班干部 | Chief of the class

小帮手 | Teacher's assistant

我们需要更多有责任感、乐于助人的人，不是马屁精、告密王、小官僚。

"好"学生：班干部 VS 小帮手

一个班里有些孩子比别的孩子更早熟、更懂事、更有能力，这是老师之福，班级之福，应该被肯定，被鼓励，但是鼓励的方法也很重要。以前做班干部几乎是终身制的，虽然是民主选举，也要有"群众基础"，但似乎大家心照不宣地都认为成绩好永远是首要的因素。好在那个年代大家都相对心思单纯，做干部没有太多功利的痕迹，做班长就是一件有面子但也有责任的事情，我也侥幸没有成为让人生厌或嫉妒的对象。

我当年曾被老师指派去和一个"后进生"做同桌，但我从心底里没有因为他成绩不好被老师羞辱而瞧不起他，他也没有因为我成绩好被老师宠爱而嫌弃过我。我们在课堂上互抽耳光，一起被老师赶出教室，谁想到我们竟成了最要好的朋友，几十年没在一个城市住过但感情一点都没冲淡。我去他家帮他补课，才有机会了解这个在老师们眼里追求名牌的富家子弟，其实他是我见过最孝顺、最爱国、最有公德心且爱憎分明的人。而且他为了让家人和自己过上更有品质的生活，从小就有担当，他买名牌的钱不是父母给的，是他自己挣的。他上大学就创业，成了当时中国最年轻的 CEO，成功的企业家。

其实我觉得干部还是应该轮流当才好，让每个孩子都有机会去尝试，去服务他人，去帮助别人，同时也锻炼出责任感，激发出更多潜力来，他会做得更出色。那些书面成绩不够好的学生，更应该有更多的舞台展露才华。而且我建议不要叫这个长那个委员，滋生出太多官僚味出来，还过早地教会孩子们告密、拍马屁、玩权术、搞人际关系那些成人世界的糟粕。我觉得像美国一样，叫助教，或老师的小帮手就很好。

课外活动
EXTRACURRICULAR ACTIVITIES

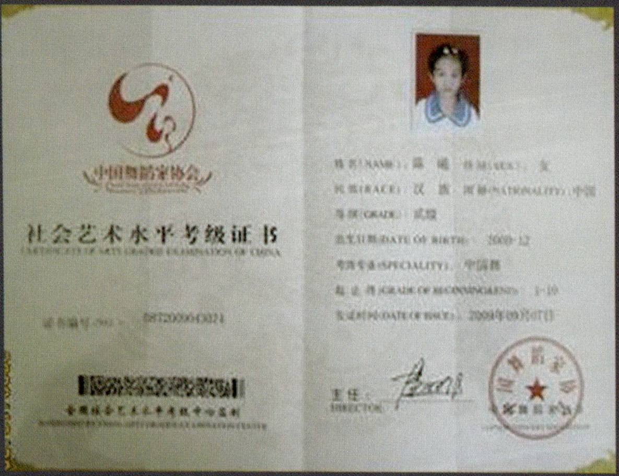

证书导向 | Certificate-driven

兴趣驱动 | Fun-driven

拿到钢琴十级证书的那天,她可能开始憎恶音乐,和高考一个道理。

课外活动：证书导向 VS 兴趣驱动

在中国，很多学生放学后就参加各种补习班，那些寄宿学校更是变本加厉，晚上九十点钟，孩子们还在教室里自习，做望不见尽头的各种试卷，提高他们冲刺高考的"实力"。殊不知孩子们其实是要花更多时间从课堂之外了解这个世界的，我们不能忽视这个时间段的价值，教育随时随地都可以发生，不仅仅拘囿于四堵墙围成的课堂里。

课外活动很重要，但是证书导向很危险，贪多嚼不烂更危险。家长们好高骛远，用自己的期待和价值观绑架孩子的兴趣，生怕耽误了第二个梵高，第二个莫扎特。孩子真有天分的话是藏不住的，孩子真有兴趣的话也是拦不住的。而被家长逼着或为了高考加分学的东西是不能持久的，很多孩子考完钢琴十级之后再也不想摸琴就是这么造成的。不强求，不功利，鼓励他们，家长们顺势而为地尽量创造条件，让孩子们自己决定最喜欢什么，顺其自然就好。

美国放学时间很早，一般三点钟就放学了。三点以后的课外活动更多的时候是学生自发组织的兴趣小组，即使有老师带领，也只是起到促进、鼓励和提供支持的作用。这些兴趣小组大多跟学校教的科目无关，也不带任何功利的目的，更不是补课，绝不会考试。而中国的家长最怕学校早放学，因为他们打心眼里认为孩子们不具备自己学习的能力，或应该培养这方面的能力，所以他们才会不惜重金地把孩子送去各种培训机构。

志愿者
VOLUNTEERISM

政治任务 | (Political) tasks

真心行动 | Heartfelt actions

只有发自肺腑，用心用智的援助行动才会让需要帮助的人感受到温度。

志愿者：政治任务 VS 真心行动

在中国，志愿者这个词有点被误会了。我们通常耳熟能详的是"奥运会志愿者"，大学生被征去组成开幕式上的表演方阵，以壮大国威，或者"国庆阅兵志愿者"，大爷大妈们戴着红袖箍站在马路边阻住四环边想进城的人群。虽然同样也是无偿地捐出时间和汗水，但从性质上讲，它们更多的成分是一项政治任务，归根结底是去完成一种被安排的、被选择的、光荣的使命。

在西方国家，志愿者更多时候是"义工"的意思，通常是个体行为，是Heartfelt，发自内心的。从小让孩子们知道这个世界上有很多比我们不幸的人，会帮助他们理解并珍惜自己拥有的美好，更会让他们养成分享、感恩和扶助他人的好习惯。学校不但不会告诉孩子们该去帮谁，甚至不会告诉他们怎么去帮，学校会鼓励孩子们去寻找并决定他们最想帮助的对象，比如拯救濒危动物或者助养流浪猫狗。因为这个世界上有太多的弱势群体需要帮助，让孩子们自己决定想帮谁会让他们更有动力。然后他们自己去想办法，去募款，而不是简单地问爸妈要钱。他们一起做研究，搜集信息，制作海报，联络机构，上街摆摊，通过他们的传播和努力让更多人了解到事情的意义的迫切性，不但帮到了受助人群，还锻炼了孩子各方面的能力。比如，研究能力，搜集信息的能力，说明别人的能力，团队协作的能力，统筹资源的能力以及克服各种困难解决问题的能力。

教室
CLASSROOM

填鸭工厂 | Mass production factory

火星四溅的工坊 | Workshop with sparkles

更多的有效学习来自于和同侪交流的过程中,而不是老师的备课笔记。

教室：填鸭工厂 VS 火星四溅的工坊

家长们经常问我一些择校的建议，他们也挺过分的哦，你说你不来我开的饭馆吃饭就算了，你还问我附近哪家好吃，怎么知道它好不好吃？唉，谁让我是个博爱的教育者呢。我告诉他：你去一个学校，如果看到桌椅是这样摆放的，要么一个大圈圈，要么几个小圈圈，或者是个 U 型，老师在中间，这个学校基本上就 OK，至少这是现代的课堂应该长成的样子。就像我们刚总结的，老师不再是分发知识的那个人。他可以成为一个小组长，或者就只是一个参与者，他可以引导这堂课的进程和设计，但是更多的火花需要在学生之间摩擦出来。而在这样的像工厂车间一样的排排坐的教室，火花是很难产生的。

最近看了一个节目叫《奇葩说》，我很少推荐电视节目，因为我根本没时间看电视，但一听是这三个主持人，台湾名嘴蔡康永，清华才子高晓松，以及马季先生的儿子马东，我一下子没忍住，一看，果然好。一群口无遮拦的人以辩论的形式来讨论一些争议性很大的生活话题，这里面用到的辩证法、逻辑思维是现代的课堂亟需重视的东西。但主持人只是裁判、是领队，而不是主角，另外还有 5—8 位各有特色的"人间奇葩"，毫无底线地用生命把辩论进行到底，集智慧与谐趣于一身，可看性极强。

我们能不能再走远一步？教室真的是需要在四面墙所围起来的封闭空间之内吗？培德有一门课叫山水学，我们的口号是"一年一座山，一年一条河"。老师们带着孩子每年去爬一座山，去涉一条河，看春夏秋冬四季的魔法，看山川的变化，看花草的兴衰，看昆虫的诞生和死亡，让孩子们与自然对话，拜自然为师，让孩子们与自己对话。我们也希望家长们担起同样的责任来，无论如何抽出时间带孩子走出钢铁城市，玻璃之城，带孩子们走进大自然，那才是真正的课堂。

玩
PLAY

家长的权利 | Parents' rights

孩子的权利 | Children's rights

永远不要把学习放在玩的对立面,其实误用时间比虚度光阴更可怕。

玩：家长的权利 VS 孩子的权利

不知道您在家里有没有做过这样的事情：规定孩子做两个小时的作业才可以玩一个小时。你是不是觉得这么做还挺聪明挺有效的？但是你知道这样做的后果吗？跟滥用抗生素差不多。如果"玩"被定义成了一种放纵、放松或一种奖励、特权，而且被放在了"学"的对立面，无意中你也就把学习打上了"不好玩"和"又苦又累"的标签。中国的习语名篇中过度强调了"梅花香自苦寒来""吃得苦中苦，方为人上人"之类的意识形态。虽然鼓励上进的说法无可厚非，但这个定义其实是有失偏颇的，学习本身是完全可能成为既好玩又幸福的事情。

对于这个年龄阶段的孩子，"玩"是他们的天赋人权，他们能从"玩"里学到很多东西，而且我甚至鼓励没有章法的玩耍（Unstructured play），孩子们可以从探索游戏的规则中学到很多社会的规则，大人自以为是规定的方法时常被孩子们嗤之以鼻。我曾经自作聪明地希望孩子们玩一玩我们小时候玩的游戏，自作多情地设计好了游戏规则，手把手地教他们怎么玩"丢沙包""红绿灯""老鹰捉小鸡""写王字"。结果没玩多久，他们就失去了兴趣，纷纷提出需要修改规则。我还不屈不挠地哀号："不是这样玩的。"孩子们根本不予理会。玩中学（Learning by gaming）的理念固然是一个可以深度研发的课题，但少一点急功近利的心态，还孩子一个天真烂漫的童年也未尝不可。

假期
VACATIONS

补课补课 | Endless tutoring

体验生活 | Life experience

直到高一休学那一年,我才终于有时间读书、旅行、弹吉他、思考、做白日梦。

假期：补课补课 VS 体验生活

孩子的培养过程中，家长们往往过度地依赖学校、课堂和老师，放假时除了补习还是补习，这种观念让孩子背上重重的功课枷锁，对学习产生厌恶，绝对是得不偿失的。学习（Learning）跟上学（Schooling）是两个概念，而且越来越多的数据表明，学龄期打过工、做过家务、独自旅行过的孩子们，长大后成功的可能性更大。而且往往那些通过帮助别人给自己带来的成就感、责任心、成长体验和收获远远超过时间上的付出。美国的孩子从小就有为家里做事挣零花钱的习惯，大一点了就可以去社会上打工。而当代中国的孩子别说勤工俭学，自己该做的事都还要由爷爷奶奶、爸爸妈妈代劳，比如背书包，比如按时起床，比如喂饭，比如学习。

在欧洲很流行一个概念，叫间歇年（Gap Year）。谁规定孩子高中毕业后就得马上上大学？18岁的年纪连世界是什么样子都还没见过，就要逼他选一个自己并没有什么概念的专业？所以，很多欧洲孩子，高中毕业以后不直接进大学，花一年的时间，用很少的钱周游世界、闯荡江湖。那一年他获得的东西真的会很多，而且他在旅程中的思考会改变他一生，甚至有希望找到自己这辈子想做的事，想做的梦。

健康
HEALTH

身体健康 | Physical health

身心灵健康 | Physical, mental and spiritual health

温饱之后,是时候关心一下孩子精神上的需求、挑战和提供必要的帮助了。

健康：身体健康 VS 身心灵健康

孩子的体重某种程度上体现了家长对健康的定义和理解，也体现了家长的学识和修养。在美国，想了解一个学校家长群体的社会经济地位状况，瞄一眼孩子们的平均体型是最快的办法。受过良好教育，受过良好健康教育的家庭，不会让孩子吃垃圾食品。

现在的大城市里哪还有营养不良这一说，多的是营养过剩。那些在经历过灾荒之苦的祖父母照料下成长的孩子，很容易被"过度喂养"。如果孩子们吃的食物里有太多添加剂、抗生素、激素的话，孩子们早熟、早衰的后果自然不堪设想。除了解决温饱问题，保证孩子的身体健康外，我们更应关心孩子的心理健康，或者我们现在常说的"身心灵"健康。尤其是当社会结构变化之后，随着独生子女和非"典"家庭增多，孩子们的心理问题也逐渐浮出水面，家长和教育工作者都猝不及防，不知如何面对。

现在美国新兴了一批学校，它们提出建设正念学校（Mindful School）的概念，让孩子从小修习冥想（Meditation）和瑜伽（Yoga），学会安静、专注和思考，学会用关注情绪来解决情绪问题。这一做法值得我们学习借鉴。

青春期的爱情
ADOLESCENT LOVE

早恋之魔 | Dragon in the chamber

家庭规划 | Family planning

如果你不能靠主观意志阻止它的到来,倒不如按科学的方法正确引导。

孩子成长过程中会出现很多难以回避的心理问题，青春期早恋算是其中之一。我们来做个民调吧。坚决反对早恋的家长请举手。哦，这个数字比我想象得少很多，那么换一个问题，赞同孩子早恋的家长请举手。好吧，举手这件事，在中国是行不通的，你们就是天生不爱举手。但是我知道，大部分家长是把孩子在学校里谈恋爱视为洪水猛兽的，尤其是女孩子的家长。男孩子好一些，反正不吃亏，对吧？

那么有人要问，多早算早？这个东西我说了不算，我也不是丘比特。但再问一下各位，你们是几岁情窦初开的？你们敢告诉我吗？好吧，你们不说，我主动交代，我是初中，初一。那个年代的我们还是非常保守的。我看到了很多心有戚戚的表情，所以我不想多说什么规则，我的态度是顺其自然。他自己不想，你逼都没用，你去逼小学的男孩子去喜欢女孩子，他会说，哟，好恶心。但是如果真是洪水，真是猛兽，它来了，你挡也挡不住，倒不如给他一点指导，跟他讨论，帮助他克服纯生理的冲动。

在美国，小学五年级就有了性教育，不过很有意思，它不叫 Sex Education，我听过的有 Family Planning（家庭计划），Life Planning（生命计划课程）。我觉得这个角度很好，它不是在简单地教会孩子如何称呼生殖器官，孩子们早就知道，还用你教？它是在把孩子们当成大人来对待，教会他们责任和等待。

安全
SAFETY

过度保护 | Over protection

适度冒险 | Moderate risk-taking

如果你真的不想让孩子蹭破一点皮，就让校长把体育课和春游取消吧。

安全：过度保护 VS 适度冒险

中国的公立学校现在投入的经费充足，经常可以看到很好的塑胶跑道操场（不包括最近曝光的毒操场），标准的奥林匹克标准尺寸的恒温泳池，但常常空无一人。为什么？第一，"大人们"觉得学生不应该把时间浪费在"玩"上；第二，来自家长的过度保护和担忧。这种心态绑架了孩子，也绑架了学校。其实一个孩子长到 18 岁没有擦破一点皮并不是什么好事，没有学会摔跤的孩子怎么会奔跑呢？没有呛过水的孩子怎么学得会游泳？10 岁的一个跟头非要等到 30 岁才跌，很有可能一蹶不振。我们不可能赠予孩子绝对的健康，我们也不应该给他们打造一个真空的、绝对安全的成长环境。

虽然像姜文那样把孩子带去蛮荒之地吃苦受罪的做法不容易复制，像日本人那样让孩子们裸身在冰天雪地里奔跑也有点极端，但适当的让孩子体会艰苦，磨炼意志，甚至允许他们犯错、受伤，也不失为一种方法。尤其对于那些在城市里娇惯长大，唯我独尊的熊孩子来说，让他们吃点小苦头，才是大爱。孩子们根本没有我们想象得那么脆弱，而且他受过痛，吃过苦，才会学会自我保护。其实校长们也不想剥夺孩子们玩的权利，但真心耗不起跟家长打官司，或每天被堵在校门口骂。刚回国时，我还对那些取消春游、下课了让学生趴在桌子上安安静静地休息的校长嗤之以鼻，直到自己撞见奇葩的中国家长因为孩子摔破头，除了要退还所有学费，还索要"下半辈子幸福打折赔偿"，才理解他们的苦衷和无奈。

校服
SCHOOL UNIFORM

追求整齐划一 | To achieve uniformity

掩盖贫富差距 | To conceal polarity

如果你用车的牌子来定义你人生的价值，你的孩子一定也会这么做。

校服：追求整齐划一 VS 掩盖贫富差距

美国西海岸的文化相对老贵族的东海岸是更自由奔放的，所以加州的私立学校很少使用校服，鼓励百花齐放，个性张扬，我也深受影响，一直不太热衷校服这件事情。尤其是看到中国的校服，我就不用多说了，人民的眼睛是雪亮的。设计单调无美感、材质低劣不成形、颜色乡土遭嫌弃、尺寸普遍大一号。但它最初推广的功能性无论如何是达到了：整齐划一，做起团体操来气势磅礴，领导们检阅时一定非常喜欢。

直到在一次美国独立学校校长年会上听到一位老校长提到校服真正的意义，我才改变了之前的想法。校服至少在表面消除了贫富差异，并有效地遏止了私立学校里常见的炫富攀比现象。尤其在中国，私立学校几乎已成了贵族学校的代名词。某些家长们因为致富的方式和速度确实很容易造成攀比和炫富的气氛。我在一所学校的校门口亲眼看过女儿因为爸爸没有开宾利送她上学而赌气不肯下车。

但要么不做，要么就要做有品质的校服。审美是蒙学阶段非常重要的教学内容，而且美学修养不是靠课本教出来的，而是靠一点一滴的细节熏染出来的。尤其是对自己学校品牌有意识、有坚持的学校，不要抄袭或改良别人的设计，从头捋一遍你们学校的校训和精神特质，找一个用心且有才华的设计师，你千万不能省那个费用，绝对是一分价钱一分货，相信我。穿什么样的校服，也决定了学生会有什么样的气质。

竞争
COMPETITION

个人输赢 | Individual battle

团队胜利 | Teamwork pride

如果一部电视剧成了中国生存手册,学校将培养出丛林中的动物之王。

竞争：个人输赢 VS 团队胜利

中国社会过度地强调竞争、个人输赢，无论大小"战场"。地铁上的一个座位，抽奖的一个机会，升学的一个名额，绝对不可以输。竞技精神本并不可怕，但过多、过早地强调个人输赢会扭曲孩子的价值观，甚至从小教会孩子不择手段，很多悲惨的社会事件就这样发生了，我都不忍心再次提起。那么如何正确鼓励孩子努力呢？除了杜绝排名，强调 Value-added 跟昨天的自己去比，淡化个人输赢，强调团队胜利也是一种指导方向。未来的世界，一定不是单打独斗的世界，决定你未来成功的关键因素是有多少人喜欢你，愿意支持你，追随你，而不是你三年级的一场数学考试的成绩和排名，千万不能因小失大。

中国的家长一方面对成绩排名过度在意苛求，一方面又对孩子吝于夸赞鼓励，每天都跟开奥运会一样，没有最高，只有更高，永远不能满足家长的期待似的。现在已经好多了，越来越多的家长知道了诸如 Positive Reinforcement（正面管教）之类的词汇，开始知道鼓励的重要性。但是很长一段时间，家长们是对孩子们夸奖不够、苛责过多的：能考 98 分为什么不考 100 分？但这个标准不是非黑即白的，帮助孩子找到 Space for Improvement（进步空间）本身是没有错的，棍棒底下也曾经出过很多孝子贤孙，但它并不是一个适用于每一个孩子的金科玉律，还是有很多细节要去思考的。

但我也不赞成美国式的过度鼓励，什么东西都得有个分寸。美国的亲子文化是非常注重鼓励的，只要是孩子们在做事，父母在一旁观看，你总能听到不绝于耳的"哇！哇！"声。美国的学校运动会开完以后，人人都有一个奖牌。其实孩子也不傻，每个人都有的东西也就没那么珍贵，这样会失去鼓励的价值，那还不如不给。我觉得要让孩子学会去接受，奖牌不是不费吹灰之力就可以得来的，但拿不到奖牌也是 OK 的，没有鲜花和掌声，默默为同学甚至为对手鼓掌也是 OK 的。

时间任务表
THE CHRONICLE

学前 忙
小学 累
初中 苦
高中 拼
大学 混
硕士 耗
博士 熬

学前 玩
小学 问
初中 读
高中 勤
大学 拼
硕士 专
博士 通

图片来源：著名画家陈正隆先生作品

这是我眼中东西方教育的一个时间轴的对比图，细思极恐。还没上学，家长们已经绞尽脑汁准备让孩子去抢跑道了，那句曾风靡一时的"别让孩子输在起跑线上"正戳中了家长们最焦虑的那个点。已经很少有人知道或者知道了也假装不知道，其实那是一条卖奶粉的广告。中国人口多，人均资源少，这虽然是个事实，但它还是不能凌驾于教育的基本规律和孩子成长的自然规律之上的。那既然我们用了这个貌似有点道理的比喻，我们就索性再多想一步，在比赛中，抢跑的人下场是什么？是出局。在孩子不该学习的时候就开始学习，就相当于在植物正在发芽的时候你非逼它开花一样，后果不堪设想。

大家听过毛竹的故事吗？毛竹在地底下埋五年，地面上一点动静都没有，但五年以后，一路疯长，几个月就能长成参天大树，那是怎样发生的？因为它的前五年都在地下悄悄地扎根啊。而我们的孩子就跟冬天没晒着太阳的水仙花一样，蹭蹭地猛长叶子，最后一朵花都开不出来。

小学是孩子们开蒙启智的时期，他们正在慢慢学会怎样做自己，怎样看待这个世界，他脑子里成千上万的问题需要去寻找答案或找到获得答案的工具。如果这时候，你把他如此宝贵的时间用无聊、无用且超越他理解范围的知识死死塞满，他就没有了问问题的时间，没有了成长需要的空间。

初中是孩子们已经从 Learn to read（学会阅读）过渡到 Read to learn（通过阅读学习）的阶段，那些小学阶段总是担心孩子词汇量不够的家长，我可以很负责任地告诉你，3 000 多个常用汉字，他哪怕一节语文课都没好好上过，这时候也基本认全了。到这时候他应该做的是使用他已经掌握的工具和词汇量，涉猎百科，通读古今，打下最坚实的人文和科学素养的基础。

高中阶段确实很关键，即使从全球范围来讲，高等教育的资源也是供不应求的，不是人人有份的。要获得更好的资源，是可能需要通过残酷的竞争。全世界的高中生都是累的，不光是中国的高中生，但我觉得就算累也要累的有名堂，如果你只是为了那一场胜算不高的考试赌进去全部家当也是莽撞而不理智的。

在考试和升学体制还没有变得最科学、最人性化的时候，你应该在保持自己最佳的身心竞技状态的同时，也保持一颗宠辱不惊的心态。与其花整整三年的宝贵时间去学习一套考完就完全失效的应试技巧，不如告诉自己，这是一个很重要的门槛，但并不是这辈子唯一的机会，只要我身体健康、博览群书、积极进取，

向善求真，是金子总是会发光的。

学习是一场历时一生的马拉松，很多孩子因为在前半程拼尽全力，甚至不惜付出健康和道德的代价，错把本是新起点的大学当成人生的终点，一旦进入大学校门，反倒瘫倒在地，失去了学习的动力和热情，那就真的得不偿失了。很多孩子在应该学会独立思考的时候忙着做题，一旦脱离了老师和家长督促学习的体制，突然变得完全不知道该如何自学。我们已经看到了这一不幸的结局，却带着一种赌徒的心理和"法不责众"的侥幸前仆后继地向它奔去。

中国的很多硕士专业说好听点是追求更多的学问，但其本质就是因为根本没做好面对社会的准备，在象牙塔里再躲几年的借口。误以为多穿上一层学历的盔甲，进入职场时就多了一点幸存的机会，或拼杀的武器。我只能告诉你，你可能要失望了。因为如果你只是为了这一纸文凭在校园里多耗了三年，你只会发现在面对同样岗位挑战时比当年同级涉世的本科生少了三年的工作经验。

还有人陷得更深，读完硕士还要再读个博士，再搭进去五到七年的青春，毕业后还要问导师该如何找工作。我当年读书时，北大就有"金本科，银硕士，铜博士"的说法，虽然刻薄，但并不是完全没有道理。至少在职场上，除非是真正的研究机构，用人单位并不会仅仅因为你的学历高而多给你一毛钱，甚至聘用你。有一位知名的企业老总明明白白告诉我，有些学历越高的毕业生，不但没有多会做任何事，反而因为这份"虚名"多了些"眼高手低"的坏毛病和"挑肥拣瘦"的坏习惯。更有甚者，在象牙塔里待得太久，对社会充满了理想主义的期待，却喜欢给自己各种"怀才不遇"的借口。

而西方的教育，或者我认为各年龄段健康正确的学习方式应该是：幼儿园时期完全是从玩中学，学会规则，学会分享，学会照顾自己；小学时期养成好的学习习惯，并用不受节制的好奇心打开一扇扇学问之门；初中阶段运用已有的词汇量博览群书，奠定良好的人文及科学素养的基础；高中阶段学会时间管理，并凭借毅力为自己努力争取一个更好的深造机会；大学阶段学会抉择，并如饥似渴地吸收养分，为自己的人生做出初步规划；硕士阶段学会研究方法，为了自己有兴趣的课题废寝忘食；博士阶段学会跨学科的思维方式，用辩证和严谨的方法解决人类社会正在或即将面对的疑难问题。

家长会
PARENT TEACHER CONFERENCE

教师主导 | Teacher-led

学生主导 | Student-led

由学生亲自向爸妈演示这一年的收获常常让家长目瞪口呆，热泪盈眶。

家长会：教师主导 VS 学生主导

从公立学校转来的家长们应该深有体会啊，没有的话，可以努力回想一下你自己小时候的家长会，是不是有点像批斗会啊？老师高高在上，一个一个训过来："王阿狗他爸你这爸爸是怎么当的，成绩这么差你也不管管？""李小龙他妈，你再不给他找个家教，这孩子就毁啦。"很多家长一开始都挺淡定的，听我的讲座也是频频点头。但是二年级一结束，突然就变天了，老师的脸色越来越难看，最后家长也绷不住了。

西方的家长会是怎么样的呢？一般都是一对一的形式，几位主要负责的老师跟每一组家长聊二三十分钟，一年聊两三次，深度向家长汇报一个立体的孩子，全方面的成长，而不是一个分数，一个名次。我还见过由家长、老师、学生共同参加的三方会谈，高年级甚至还有学生主持（Student-led）的家长会。老师不说话，学生站在讲台上，向家长展示我今年学了哪些技能，培养了哪些素质。我常常在门缝外看到家长激动得热泪盈眶："这个是我儿子做的吗？这小兔崽子这么厉害啊！"这种场面很温馨，家长也觉得学费没白花，从此不再追着校长问你们每天都在教些啥。

其实大家想一想，一个活生生的孩子，他一年的学习和成长，怎么可能被一组数字说清楚呢？我说一句狠话，那些容易出题、容易考、容易打分、容易排名的知识，往往是最不重要的内容，尤其是小学阶段。难道你不应该更关心你孩子是否学会了与小伙伴和平相处、解决纠纷，他是不是学会了发现美、欣赏美、创造美，他是不是学会了分享和感恩吗？

家校关系
PARENT SCHOOL RELATION

消费者 | Customer

同盟军 | Allies

要教育好一个孩子，需要一整个村庄的人。家长不缺抱怨对象，缺的是合作的力量。

家校关系：消费者 VS 同盟军

在国际学校的校园文化里，无论学费有多昂贵，我们都不希望家长把自己当成消费者。在入校前你可以反复咨询，甚至刁难校长，直到你确认这所学校所提供的恰是你希望看到的教育。但是一旦你选择了入学，你就要无条件认可学校的办学理念和维护校长的治校自主权，而不能用个人，或者是群体的诉求来左右学校的办学方针。

就如源自非洲的古老谚语说的："It takes a village to educate one child. 要教育好一个孩子，需要一整个村庄的人。"国际学校鼓励，甚至要求家长必须挤出时间来，成为学校建设的一股重要力量，带入你的智慧和经验、献出你的资源和时间，成为孩子成长的伙伴，成为学校教育的同盟，跟学校一起打造一个健康多彩的校园。

没有一所学校是完美的，每个学校都有自己的问题和挑战。我特别希望家长不光是用一根食指来对学校的种种不是指指点点，而是伸出整个手掌，跟校长一起建设一个更符合我们期待的学校。

每当孩子看到自己的妈妈担任当天的"念故事妈妈"，每当孩子看到爸爸撸起袖子参与学校生态池塘的工程建设，他们学习的动力变得不一样，他们对待学习这件事的态度也会发生质的变化。

家长角色
PARENTS' ROLE

宠溺、代劳、苛责 | Spoil, sub, scold

陪伴、支持、倾听 | Accompany, support, listen

分清楚你的需要和孩子的需要，别打着爱的旗号伤害他还一脸无辜。

家长角色：宠溺、代劳、苛责 VS 陪伴、支持、倾听

中国的父母有这样几种典型：第一种，我叫他们"土豪"父母，中国经济迅猛发展的这几年，造就了一大批这样的父母，他们大多数小时候都多少吃过点苦，挨过点饿，所以一旦他们的经济实力突然提高之后，唯一的愿望就是别让孩子吃一点苦，遭一点罪，不惜代价地为孩子提供最好的物质保障，也不会允许他做一点体力劳动，或者受一点伤，孩子在学校擦破点皮恨不得让校长下跪赔罪。

第二种是"超人"父母，他们通过自己的努力改变了自己的命运，也希望把他们的成功的经验完完全全地复制在孩子身上。他们里里外外一把手，也拥有非常丰富的社会资源，他们会在孩子还是液体的时候，就已经把孩子上什么学校、选什么专业，去哪个国家移民或留学，甚至他大学毕业后的实习或就业的地点都安排好了，孩子已经完全没有任何自己努力的必要或学习的动力。

第三种英语里叫 Helicopter（直升机）父母，他们可能并没有前面这两种父母的实力或财力，他们往往自己踌躇满志，但才华没有人懂得欣赏，或错过了发展的好机会，一辈子抱负得不到施展，就把所有的希望和自己未圆的梦想全都寄托在子女身上，所以无时无刻"盘旋"在孩子的写字桌上空，剥夺孩子所有可能分散他注意力，浪费他时间的休闲娱乐和拓展兴趣、发展天赋的机会，唯恐稍有闪失，再次错过"光宗耀祖"的机会和可能。

这三种父母在行为、做法上各有千秋，但有一个共同特质，就是高举着"我那么爱你"的旗帜，高喊着"都是为你好"的口号，伤害着孩子还不自知，为孩子们表面取得的一点成绩和抢到的一些资源而沾沾自喜，浑然不知背后孩子失去的是什么。 不用多说，仅三条就足够可以受到审判。他们剥夺了孩子独立思考，找到他们自己想要的未来和梦想的机会，他们剥夺了孩子凭借自己努力改变他们命运和实现他自己目标的机会， 他们剥夺了孩子犯错并从错误中成长的机会。

而往往孩子们最希望从父母那里得到，也是他们在特定的成长阶段最需要的东西，家长们却格外吝啬。比如无论孩子成绩怎样，无条件、无差别心地接纳和爱；比如长时间、高质量的无功利心的陪伴；比如不打断、不裁决、不干涉的倾听；比如对那些在大人眼里貌似卑微却对孩子无比重要的梦想全心全力的支持。

偶像
IDOL

明星 | Stars

父母亲 | Parents

言传不如身教，别忘了自己，做最好的自己，才能成为最称职的父母。

请问家长们,你们对自己的孩子了解吗?你知道你孩子的偶像是谁吗?在中国,绝大多数的回答是各路明星,唱歌的,演戏的,有些甚至是你看到照片就想抽的那种明星。你们猜猜美国孩子的偶像是谁?乔丹吗?当然也有。但是我告诉你,半数以上的美国孩子会说他的偶像是自己的父母。他们又是怎么做到的呢?

其实并没有那么难。你可以陪他们一起看书,你们可以看同一本书,然后展开讨论。你们也可以读不一样的书,然后相互交流分享。你们可以在假期规划一次长途旅行,不是那种你或旅行社把一切全都安排好的旅行,而是充分让孩子参与计划的制订和执行。你们也可以一起运动,爬山,打球,把你的孩子变成你减肥的动力。美国有一个 416 斤的爸爸,为了不让儿子觉得丢脸,成为世界减肥第一人。你们还可以不分对错,没大没小地探讨他们关心的话题。其实就这么简单,要做一个好的父母亲,首先要做一个最好的自己。都什么年代了,不要再苦口婆心地告诉他们你赚钱养家多辛苦,也不要告诉他你为了他放弃了什么,苦肉计早就不流行了。尝试着做一个更有品味、更有修养,读更多书,去过更多地方,阅历更丰富、工作家庭两不误,而且懂得生活的人。

另一个例子,一位曾经吃喝嫖赌毒无恶不作的美国爸爸 Michael,因为儿子 Devin 出生时才 11 盎司,0.3 千克,他不断祷告说只要孩子能活下来,他什么都愿意做,于是他从孩子脱危那天起,天天健身,带着儿子一起健身,最后带着一群被他的故事所感动的爸爸们一起健身。从此儿子一直把他当作超级英雄,但是他却告诉人们,如果没有儿子,就不会有今天的他。说到底,有什么比成为自己亲生儿女愿意模仿的对象更有成就感?!

九个不如

TERRY'S 9 DRUTHERS

- 为孩子操碎心不如让孩子做力所能及的事
- 本来是责骂的话不如用积极的词汇去沟通
- 唠叨说教不如你自己最高言行标准的示范
- 为孩子的前程烧香不如每日多种几个善因
- 挖空心思布局不如听听孩子对未来的打算
- 花钱请家教不如雇人帮你省出时间陪孩子
- 控制孩子的暴躁不如先梳理好自己的情绪
- 找专家给诊断孩子不如先修正自身的问题
- 为他创造最好的条件不如给出无条件的爱

现在谈教育理论的学者太多，分享成功育儿经验的专家也太多，我不希望你们用看专家门诊的心态去向我求助，我并不能帮到你们。任何专家学者都不可能比你更了解你的孩子。再贵的学校再厉害的校长也帮不到你们。一年365天，国际学校开学的日子在180—190天之间，半年而已。一天24个小时，学生早上送来晚上接走，在校的时间大概8个小时，三分之一。小学三年级的学生就可以算的出来，学校只承担了1/6的教养任务。无论功过，无论这个孩子将来有多少成就或有没有出息，我们只承担1/6的责任、荣耀或责备。归根结底，教育是所有父母的一门必修课，没有人能替你完成。

家长们经常问我，在教育子女的问题上究竟应该扮演怎样的角色。我的家长讲座通常不喜欢给答案，因为养儿和教育的事情，就跟种花种草一样，根本没有标准答案，都得因地制宜，因材施教。我一般只负责抛出问题，让大家去思考，经过你们自己批判性地思考，寻找到最适合你和你孩子的"药方子"。但是现在的家长们实在太忙了，忙到没有时间去思考，总是追问一些本该他们自己想出答案的问题。于是我把最近和一些家长的对话整理了一下，归纳出左页这九条基本的原则，希望对一些过度焦虑的父母有所启发。

教育路上，你是第几阶的家长？

- 第一阶：舍得给孩子花钱
- 第二阶：舍得花时间陪孩子
- 第三阶：开始思考什么是大爱
- 第四阶：学习、提升和完善自己
- 第五阶：鼓励孩子成为最好的自己

有人把家长分成五个档，或者说，家长的成长之路一共有五个阶段，你们知道是哪五阶吗？第一阶，比较容易，我估计今天在场的家长都应该做得到，就是舍得把自己的烟酒钱省下来花在孩子身上。恭喜你们，打败了所有只管生不管养的父母亲。要进到第二阶可能要淘汰现场一半家长，不光是舍得花钱在孩子身上，还把大把的钱花在教育上，更舍得花时间跟孩子在一起。很多父母现在用养宠物的方式养小孩，自己拼命挣钱，送孩子去最贵的私立学校，请最贵的家教，甚至有专职的保姆司机陪读，什么都舍得，就是不舍得自己花时间。你还不如把这些钱都省下来，请一个能干的副总经理帮你打理生意，然后自己有时间陪孩子。

第三阶的父母已经不再停留在自己能给孩子什么，而是开始思考什么是大爱，开始反思自己的做法是真的帮了孩子还是害了他。第四阶的家长在不断的实践中开始意识到自身的不足，开始自发自觉地去学习如何才能做更好的父母，甚至如何去做更好的自己，包括来听钱博士的讲座。

那到底怎样才能成为最高阶的父母呢？当你重新思考自己和孩子的关系，不再把他当成你的继承人、你的战利品、你的荣耀墙，甚至是属于你的时候，你就迈出了第一步。当你把孩子当成借助你的通道来到这个世界，带着他自己的使命，在你提供一切合理的必要条件之后，去面对他注定要面对的挑战，甚至磨难，成就他最希望变成的自己。这一条说来容易做起来难，因为它有别于我们已经习惯的亲子关系，它甚至有违于中国人的血脉文化。

你能送给孩子的三样礼物？
3 gifts you can give to your child

- _____
- _____
- _____

你能送给孩子的三样礼物？
3 gifts you can give to your child

Terry's Answer 钱博士的个人答卷

自我保护、修复及看到希望的能力（健康）
Ability of self-protection, recovery and seeing hope

阅读、写作及发现的习惯和热情（智慧）
Habit & enthusiasm of reading, writing & discovering

对待生活和人类永不倦怠的爱和共情（快乐）
Tireless love and compassion towards life & mankind

有些东西注定要留给孩子自己争取，有些东西却还要等你亲手馈赠。

最后我还是想用另一个问题来结束我的演讲：什么是你最想给孩子的三样礼物？请注意这个问题和我开场那个问题的区别，礼物意味着它不是随机派送的，也不是看孩子造化的，而是你可以亲手给到孩子手里的。这个问题和第一个问题一样，没有标准答案，也没有唯一答案，请你花一点时间，静下心来去思考，去反刍，去更新你的答案。

我也分享一下我的三个答案，只是我的一家之言，仅供大家参考。

第一，自我保护、修复及看到希望的能力（健康）。

和很多家长一样，我希望孩子拥有的第一个礼物是健康，但生老病死，这东西我说了不算啊，淘宝上也没得卖呀。我也不可能呵护他一辈子，所以我们该教会孩子怎样最大限度地避免创伤，一旦受伤怎样自我修复，甚至当发生重大天灾人祸时，在绝望处看得到希望的能力。

第二，阅读、写作及发现美的习惯和热情（智慧）。

这个世界是了解不完的，我也不能把智慧下载了打包送给孩子，但是我可以帮他养成一种习惯，一个一天不读书就像一天不刷牙一样难受的阅读的习惯，一个通过阅读、写作，不断探索世界和发现美的习惯。这本字典是我在最渴望知识的年代里，家里除了手撕日历唯一的一本印刷品。扉页上留着我爸、我三叔、四叔和小姑的名字，传到我手里，前面的多少页都不见了。但有了它，我就有了打开知识宝库的密码。我们有幸已经越过了那个物质匮乏的年代，我相信你们一定能做得比这本字典更多。

第三，对待生活和人类永不倦怠的爱和共情（快乐）。

最后我想到快乐，另一个无形、无色、无价的宝贝。我们能带孩子去迪斯尼，让他开心一整天，但我真的没办法买到真正的快乐，因为快乐是从它自己的心田里长出来的东西，是非常主观，而且见仁见智的东西。于是，我想教给他一种精神，一种态度，一种对待生活、对待人类永不倦怠的爱和共情。我们无法避免遇到不好的人，无法阻止不好的事情发生。你可以批判，但你的精神状态必须是积极的，坚韧的。就像蜜蜂被抢走了蜜，燕子被端走了窝一样。你没时间哭，你哭也没用，你应该站起来，再次起航。 不管这个世界有时候看上去如何薄情，我们还是要义无反顾地、执着地爱自己，爱人类，爱生活。

有人听完我的讲座很沮丧，照你这么说，中国教育岂不是一无是处？也有一些评论说：你自己明明是中国教育的受益者，怎么倒过来反咬一口，把中国的教育说的毫无希望呢？首先，我想先澄清一点，我并不太认可"受益者"这个词，我更想用"幸存者"。因为很多人跟我付出一样的辛苦和代价，却并没有得到我得到的机会。其次，我做这场演讲的本意并不是要打压、踩低中国的教育。我是希望大家能够通过这个对比来看出一些差别，生出一些问题，然后通过这些思考，来反思我们的教育。即使我有所批判，批判的对象也是当代以应试为纲的教育目标、教学方法和评量方式，而并不是说中国的教育就不如西方。其实，中国古典教育有很多值得我们乃至西方世界学习的，尤其是春秋战国以及民国时期。这也是我将在下面的演讲中会详细阐述的内容。

The Coincidence & Divergence between Classical Chinese & Western Education

第二篇　古典中式教育与西方教育的不谋而合及殊途同归

古典中式教育与西方教育的不谋而合及殊途同归
The Coincidence & Divergence
between Classical Chinese & Western Education

去年的这个时候,我做了一场演讲,题为"熊掌和鱼:略带偏见的当代中西方教育比较",被一个热心的家长整理成文章推送到微信平台,一不小心被点击了一千多万次,收到的很多反馈中大部分是有共鸣的,但也有一些评论说:你自己明明是中国教育的受益者,怎么倒过来反咬一口,把中国的教育说的一无是处,毫无希望呢?

首先,我想澄清一点,我并不太认可"受益者"这个词,我更想用"Survivor 幸存者"。因为很多人付出了跟我一样的辛苦和代价,却没有得到同样的机会。其次,我做这场演讲的本意也并不是要打压、踩低中国的教育。我是希望大家能够通过这个对比看出一些差别,生出一些问题;然后通过这些思考,来反思我们的教育。而且,之所以起名叫"熊掌和鱼",是因为其实我并没有设定哪个是熊掌哪个是鱼。我不懂孟子为什么会选这两个参照物。但是,我很喜欢这个悬念:到底什么是熊掌什么是鱼?熊掌更好还是鱼更好?熊掌更好是因为它更珍贵还是更昂贵?熊掌更好吃还是鱼更好吃?你更喜欢熊掌还是更喜欢鱼?或者你更喜欢吃熊掌还是更喜欢吃鱼?我们应该吃熊掌还是应该吃鱼?

今天我的主题是想通过对古典中式教育的总结和反思让大家看到中式的教育一样有魅力,一样有很多精彩之处。同时我也觉得,虽然现在我们的教育学界被西方的教育家们主导,我写博士论文的时候也满纸引用西方学者的理论,但每次提到 Dewey(杜威)、Vygotsky(维果斯基)等教育大师的经典论述的时候,我总觉得似乎在哪里听过,翻译成中文再仔细想想,原来孔子、孟子在几千年前就说过了,并不是什么西方学者的专利。所以,今天只是一个开始,一个探讨,我不敢说我对古典中式教育有很深的研究,但是我希望通过我的视角,给大家一个思考的起点,一个探索的空间。

天地玄黄,宇宙洪荒。

——《千字文》

From the dark heavens and the yellow earth, the universe emerged from chaos.

开篇章我想引用《千字文》里一句大家耳熟能详的句子——天地玄黄，宇宙洪荒。但它其实可以追溯到更早，在《易经》和《淮南子》里都有提过。不知道只是我一个人没文化，还是大家也都有这样的误解，这么多年，我一直以为宇宙就是指地球以外，太阳系以外，银河系以外，那个包罗万象的神秘深邃的空间。但其实早在几千年前，我们的祖先就已经知道，上下四方叫作"宇"，古往今来叫作"宙"，它是一个四维的概念，不但有上下左右前后，还有时间轴的概念。今天我们终于从霍金的《时间简史》或者从好莱坞电影《星际穿越》里面，开始了解"时间之于宇宙"这样一个重要概念。之所以用这句话做开篇，是希望唤醒我们骨子里的那种民族自豪，那种既不自大、更不自小的探究学问的精神，也是因为我想把格局做得大一些，这样我们既可以回溯历史，还可以仰望星空。

1 古典中式教育先进的教育理念及其历史局限性

先进的教育理念
- ★ 不愤不启
- ★ 因材施教
- ★ 教学相长
- ★ 同侪互学
- ★ 言传身教
- ★ 六艺皆通
- ★ 乐学好问
- ★ 有教无类

- ★ 知耻近勇
- ★ 君子慎独
- ★ 爱之以道
- ★ 知行合一

历史局限性
- ★ 想象力和创造力
- ★ 适应能力和解决问题能力

不愤不启
INDUCTION

不愤不启,不悱不发。举一隅不以三隅反,则不复也。

——《论语·述而》

Don't give the answer until students have really tried their best and are almost there; don't teach new things until they come back with three examples from what they have already learned.

先进的教育理念：不愤不启

这句话出自《论语·述而》，意思就是不到学生努力想弄明白但仍然想不透的时候，先不要去开导他，不到学生心里明白却又不能完善表达出来的时候，也不要去启发他，给他思考的时间。英文里也有一个意思与之相似的概念叫作"Wait Period（等待期）"。举例而言就是当你问孩子一个问题："1加1等于几啊？"不要在他还在思考的时候就告诉他："等于2！"这样就把他学习的机会给生生剥夺了。

而"举一隅不以三隅反，则不复也"传达的意思是，老师要教会学生从一件事情的规律中学会融会贯通，并将类似的规律应用到别的事情上去，如果学生还不能举一反三，就先不要教新的内容了。英文中的"Induction（推导）"这项能力说的也是同一道理。

因材施教
DIFFERENTIATED TEACHING

因材施教。

——《论语·先进篇》

Teach students in accordance with their aptitude.

先进的教育理念：因材施教

分层教学（Differentiated Teaching）即有差别教学，它是很多家长选择私立学校的主要原因之一。因为私立学校小班教学的形式能够为分层教学提供更好的条件。我们也经常通过各种培训传导给老师们这样的理念：同样一个问题，让孩子们可以充分发挥自身的长处，用不同的方法去解决。有些孩子他就是听觉系的，你让他看 100 遍都没用，也许你跟他说一遍他就学会了，这在音乐方面尤其适用。同样的道理，像我这种视觉系的，你让我听 100 遍 "p-h-i-l-o-s-o-p-h-y"，我也不知道这个单词怎么拼，但如果让我看一遍，我也许一下就能记住 philosophy 这个单词如何拼写了。

所以要根据孩子们不同的特点，给他们提供一个相对适合自身的切入点。这句话并不意味着我们在教学中要一味地扬长避短、逃避困难，而是说老师要使用不同的教学方法、展示不同形式的教学内容，从而让孩子可以跟得上学习节奏，最大程度地获取知识，而不至于出现诸如学生因为听觉不敏感或视觉不敏感，就无法完全掌握某个知识点的情况。

在这个方面我想给大家分享一个非常好的故事。《论语》里的"三思而后行"是我们耳熟能详的一个典故，我们经常用它来提醒孩子不要莽撞，不要太快做决定。然而实际上这个典故的原文却是："季文子三思而后行。子闻之，曰：'再，斯可矣。'"文中的季文子是孔子的一个学生，他是一个非常纠结，非常患得患失的人。每做一件事情都要反反复复地想，估计也是个天秤男。"三"在古汉语里面可不是三个，而是"多"的意思，季文子是不止一次地去考虑然后才去行动，孔子听到了就对他说"再，斯可矣"——想两次，就够了！所以这句话的本意不是说让你不要莽撞，而是提醒那些本来很瞻前顾后的人就不要再想三次四次五次了，想两次，走！以行动来改变你的性格。这个故事的意思放到此处的语境里面其实就是"因材施教"，对那些鲁莽的小子而言，确实需要三思而后行；但对于像 Terry 这样的天秤男：再，斯可矣。

教学相长
LEARNING REFLECTED IN TEACHING

教学相长。

——《礼记·学记》

When we teach, both students and teachers learn and grow.

先进的教育理念：教学相长

汉语博大精深值得玩味，英文也同样有其微妙之处，你看，Teach 的镜像就是 Learn，中文也说得简洁而优美：教学相长，意思是说教与学这两方面可以互相影响，互相促进，共同提高；师生双方可以相互交流、沟通、启发，从而实现老师教学与学生学习共同发展的愿景。我们大人时常自以为是地认为我们在教孩子知识，其实很多时候，尤其这几年做小学校长的经历告诉我，很多时候是孩子在教育我们。据说曾有一位母亲，可能是东北人，正在镜子前摇首弄姿地试穿她新买的貂皮大衣时，女儿在一旁泪眼汪汪地来了句："妈妈，你知道你穿的是别的小动物妈妈的尸体吗？"从此这位妈妈再也不穿皮草了。

很多人问我：钱博士，你的英语说得这么好，你到底是怎么学的？我一直强调我的英文不是学会的，而是教会的，我中学就开始给我同班的同学做家教。我在准备教学的过程中学到很多东西，除了责任心和助人心，更重要的是，我通过教师的视角帮助学生更好地理解了学习的规律，同时又借助自己学习者的视角更好地帮助老师理解了什么是难点以及学生需要怎样的帮助。包括我在这里跟大家现场分享，虽然你们的评语我来不及看，但是即使我只能瞄到几句你们对我鼓励的话语，这些互动也能让我讲得更好，这也是教学相长精神支持的体现，尤其是天秤男，最不能缺的就是掌声，几句甜言蜜语就能让他甘心做牛做马。

同侪互学
PEER LEARNING

三人行，必有我师焉。择其善者而从之，其不善者而改之。

——《论语·述而》

Wherever I meet three people, at least one of them has something to teach me. I learn to follow the positive example of what she does well and to change what she shows me through negative example.

先进的教育理念：同侪互学

教室里桌椅的摆放能说明很多问题。如果看到一个如左图所示的圆圈状或者U字型（可以让孩子们有互动的空间），那么至少说明这个学校的教学理念是先进的、科学的。它强调的不是以"教师为本位"而是"以学生为中心"的教学方式，即老师不再扮演"知识的分发者"的角色，学习更多的是来自学生们之间的互动、学生们讨论中产生的火花、学生们互相学习的一种效果，也就是孔子说的：三人行，必有我师。

拿我亲自参与教学的"世界公民"课为例，这是一节非常强调知行合一的课程，学生的学习成果不是靠考试来评量，而是把孩子们在课堂上学到的有关"公益心""环境保护""志工"等概念体现在行动上。老师不再直接地告诉孩子们什么是对的，什么是善的，什么是该做的，而是让孩子们充分掌握主动权，决定课程进展的走向。他们分成小组各自做调查研究和信息整理，找到他们整个小组共同认可的一个最需要帮助的弱势群体，可以是流浪猫狗，可以是失学儿童，可以是艾滋病患者，可以是自闭症儿童，也可以是濒危的动物，非洲的干净水源等等。孩子们会各自为自己选定的对象拉票，因为他们最后将会用民主投票的方式决定每个年级或者每个班级共同资助的对象。

这个课题是没有标准答案的，也是没有对错之分的，但孩子们发自内心想要通过自己的努力帮助弱势群体的心情和态度是绝对不会错的，他们在调查研究中看到的画面引发他们流下的热泪，且由此触发的公益心和向善心也是真实动人的。他们不但要决定帮助的对象，还要发挥聪明才智制定出一套行动方案。这样的教学效果远远超过学校或政府组织孩子们去孤老院给老人们一遍遍梳头要好得多，也要比学校发起一个慈善募款活动，让孩子们回去问家长们讨钱捐款要好得多。

大人们规划得少了、干涉得少了，反而惊喜地发现：在课程发展的进程中，孩子们自然而然、水到渠成地锻炼出了搜集与分辨信息的能力，沟通与表达的能力，演讲与说服别人的能力，发现问题并解决问题的能力，自主学习与自发行为的能力，理性思考的能力，理解与谅解等等可贵而受用终身的能力。

言传身教
MODELING AND MENTORING

学校犹水也，师生犹鱼也，其行动犹游泳也。大鱼前导，小鱼尾随，是从游也。从游既久，其濡染观摩之效，自不求而至，不为而成。

—— 梅贻琦

School is like water and students and teachers are like fish. The small fish follows the big ones, and learn how to swim simply by following them long enough.

先进的教育理念：言传身教

这句话也是我最爱读的，是清华的老校长梅贻琦先生所说，来定义大学里老师和学生的关系、老师的功能、学生学习的模式，但是这个其实放之小学更加精准。学生在小学阶段的学习更多地是通过模仿，一个孩子很多时候是在看大人做什么，他就做什么。所以最好的教育方法，不是言传而是身教。这个"师"也包括家长，因为家长永远是孩子第一位的老师。你是怎么做的，孩子也会怎么做。这跟我们古代的师徒关系是一样的，英文里面叫 Mentor（导师制），你跟着师傅不光要学手艺，更重要是学师傅的为人。

所以汉语里我们不说"教"徒弟，而说师傅"带"徒弟。为什么奢侈品杂志里那些意大利名表品牌可以几百年不衰败，如果你去参观一下他们的作坊，问一下他们是怎样把手艺代代相传的，他们坚守的家族精神是什么，你就会明白它们为什么卖这么贵还有人抢了。我们现在需要更多这样有匠人精神的老师，知道如何去身教，如何用他们的品性，用他们的言谈举止，用他们的生命影响学生的生命。家长也是一样，做好你自己，远胜过跟孩子说教，跟他们唠叨。

六艺皆通
SIX INTERDISCIPLINARY SUBJECTS

礼：Etiquette, Ethics and Character　　道德观念及品格修养
乐：Art and Aesthetics　　艺术熏陶及美育思想
射：Physical and Mental Strength　　身体素质及竞技精神
御：Leadership and Communication　　领导魅力及社交能力
书：Literacy and Culture　　文学素养及人文精神
数：Mathematics, Science and Logic　　理性思维及科学素养

先进的教育理念：六艺皆通

孔子所提倡的"六艺"，我根据自己的理解做了如上诠释，才发现其内涵之深广。虽然它言简意赅，却几乎包括了西方教育里面所有的领域，只用六个字就指引着我们的授课内容和教学方向。礼、乐、射、御、书、数，我们注意顺序就会发现，孔子将"礼"（德育）、"乐"（艺术）放在最前面，"射"（体育）、"御"（领导力）放在中间，最后才是"书"（语文）和"数"（数学），以德行为先，重视修养、才华、身体素质、人格魅力的培养，而并未将灌输具体学科学问放在首位，即使用现代教育哲学与理念来看"六艺"，也不得不承认老祖宗的智慧已经很有前瞻性，其教育思想的眼界和格局真的让人折服。

我们不得不承认，面对当代中国应试教育的困境，我们有点乱了方寸。一些有一定经济条件的家庭"大彻大悟"，于是迫不及待、慌不择路地把孩子从现行体制下的学校中"拯救"出来，又有点走投无路、饥不择食地奔向琳琅满目、鱼龙混杂的国际课程或外国课程，太快地下了"中国教育一无是处"的结论。我完全能够理解这些家长的处境和心情，非常感同身受，我也支持他们勇敢地迈出"不顺从"的第一步。但闭上眼睛，我又实在无法想象一个有着上下五千年文明史的泱泱大国，要完全依赖外国的教育家、外国的课程体系、外国学校的经验来教育我们的下一代，尤其是我们几乎要定义成"未来精英"的那一代。我鼓励孩子们都出去留学开拓眼界，但想到如果我们必须要把他们送去国外接受高等教育，乃至基础教育，才能指望他们成为栋梁之才，我又夜不能寐。

或许，从老祖宗那里，我们能学到什么？或许，中国的教育，中国经典的、古典的教育并没有那么糟？

乐学好问
INTRINSIC MOTIVATION

知之者不如好之者，好之者不如乐之者。

——《论语》

Liking something is better than merely knowing it, and truly enjoying it is even better than liking it.

先进的教育理念：乐学好问

这句话的意思是说，了解怎样学习的人不如爱好学习的人，而爱好学习的人又不如以学习为乐的人。我经常引用的 Howard Gardner（霍华德·加德纳）著名的"动机学说"，强调内源动机（Intrinsic Motivation），不是靠外界的压力和功利心的目标——外源动机（Extrinsic Motivation），而是通过自身的喜爱和兴趣驱动孩子们去自主学习，长久地终身学习。但他哪有《论语》中说的那么美，"知之者不如好之者，好之者不如乐之者"，这优雅多少倍啊！

我一直认为，比起很多同龄人，自己是非常幸运的。因为我从很小的时候，就知道了自己想要做什么，而且这几十年来，初心不改，一步一步地把自己喜欢做的事情变成了自己最擅长的事情，把最爱做的事情变成了自己一辈子的志业。做校长其实是一个操心操不到头的工作，没有下班这个概念。几乎每天都感觉身心极度疲惫，但我每天早上一睁开眼睛，就满血复活，颠儿颠儿地就往学校跑，这种动力就是内源动机。

有教无类
NO CHILD LEFT BEHIND

有教无类。

——《论语·卫灵公》

We must teach everyone regardless of who they are and where they come from.

先进的教育理念：有教无类

"有教无类"最广为接受的含义是人人都可以受到教育，不因为他们的出身而把一些人排除在教育对象之外。

我们都盲目地以为美国的教育好，美国确实有非常好的学校，非常好的教育，但是美国的公立学校，也跟中国一样，有学区房的概念，有好的学区，有不好的学区。差的学区跟中国的学区还不一样，有些不光是父母的经济条件差，社区的治安环境、孩子的营养结构、学生的课堂表现都很差。这类学校的学生很可能来自离异的家庭，父母也许有暴力倾向，家庭里兄弟姐妹众多，上学要靠学校的补助，所有这些社会问题都会对学生和他们的学习产生非常负面的影响。

美国有一个NCLB（No Child Left Behind）法案，在2002年由小布什总统签署。用一部中国电影来翻译最恰当了：《一个都不能少》。总统也是很关怀这些孩子们，提出了这个法案，希望实现教育公平，这与我们中国"有教无类"的思想是不谋而合的，都是主张不要去挑学生，不要因为他们的天智、天分或者他们的家庭背景而剥夺他们学习的权力。

我觉得培德这点还比较好，我们不是那种"掐尖儿"的名校，让孩子们学前班就通过经历好几轮考试来筛出最好的孩子，所谓的"好学苗"。我一听到"学苗"这个词就浑身难受，孩子们其实都是很棒的，他们的天分表现在不同的方面，你用一把尺子、一把圆规去测量太阳的温度、花朵的芬芳，这是不可能的！所以不要挑孩子，而是要好好挑选教学方法，用不同的方法去实现我们的教学目标，把一个孩子的成绩从90分提高到95分的老师就是好老师吗？你要是能把一个不爱看书的孩子调教成每天不思考就不能活，你才是好老师。

知耻近勇
RECOGNIZING EFFORTS

好学近乎知,力行近乎仁,知耻近乎勇。

——《中庸》

Being curious is close to knowing, making efforts is close to kindness and feeling shame is close to courage.

先进的教育理念：知耻近勇

《中庸》里面这段话是在说，勤奋好学就已经接近于智慧，做任何事情只要努力就接近了仁厚，懂得了羞耻心就已经是勇敢的表现。它强调的不是结果，而是努力的过程，这不就是西方教育经常提倡的 Efforts（努力）吗？认可学生的努力，评量的时候不要强调他最后考多少分，而是看这孩子本来是 60 分的，今年考到 70 分了，不能再拿他去跟那个 90 分的比，而要认可他所做的努力和取得的进步。

墨子也曾经说过，"合其志功而观"。志，就是他的努力程度；功，就是最后的效果。把二者结合起来去看一个人，把他努力的分数算进去，我们的孩子才可能有进步的空间，而如果片面强调分数只看最终的结果，只会不断地打压孩子的积极性，阻碍他进步的空间。之前提到的 NCLB（No Child Left Behind）法案最终遭到诟病就是因为该法案没有考虑到各个学校的实际困难，用简单粗暴的统考成绩决定一个学校是否可以继续开下去，这样对那些 SES（Socioeconomic status，社会经济地位）状况差的学校的老师和孩子都不公平。

君子慎独
ENCOURAGE INTEGRITY

中国留美学生被开除现象调查

- 国际学生身份问题 0.23%
- 中学材料造假问题 0.23%
- 财务问题 2.96%
- 学术表现差 57.56%
- 学术不诚实 22.98%
- 出勤问题 9.67%
- 违反法律 1.93%
- 行为失当 3.87%
- 心理问题 0.57%

莫见乎隐，莫显乎微，故君子慎其独也。

——《中庸》

We see a sage's integrity most clearly by observing him when he is alone, in private and through how he manages trivial matters.

先进的教育理念：君子慎独

《中庸》里的这句话，归纳起来就两个字：慎独。很多书法家很喜欢写这两个字，意思就是说你在没有人见到的地方，在一些小节上，一样要规范自己、约束自己。不是因为你要做给别人看才伪装出道貌岸然的样子，独处的时候也要一样正直。

这张表我最近才从网上找来，我一直想找这样一组数据来说服一些家庭：你的孩子还没有做好出国的准备。之前我们只能找到每年多少孩子出国的数据，但是从来没人去报道，每年究竟有多少中国的留学生被退学、被劝退或者自己灰溜溜地逃回来。现在这个数据终于出来了，在被退学的人数中，22.98%的孩子因为学术不诚实被退学，57.56%的人因为学术表现差而被退学。[1]这说明读书读不好还不是最糟糕的，最糟糕的是由于雇佣枪手、剽窃作品、购买论文这些学术造假行为被学校毫不留情地退学——这在西方的道德体系里是零容忍的。

而在中国，造假已经成了一种常态，一种全民的意识不觉醒，我们谁都不清白。就算你没买过文凭，没买过假身份证，但盗版碟你看过吧？免费音乐你下载过吧？发票你买过吧？用发票报销抵过收入、避过税吧？大家都快要麻木了，已经不以为然了。但一出国这一切就行不通了。自己小孩在美国霸凌犯法，父母企图贿赂法官的丑闻大家都听到过的吧，实在让人羞赧和叹息。

有部分家长一直在鼓励孩子们为了分数不择手段，所以最后孩子们对作弊、抄近道这个事情是没有罪恶感的。申请的过程中让人代写Statement（个人陈述），让人包装你，改你的成绩单，替你做一些你做不到的事情，把你送进了一个排名更好的学校，这全都是不慎独的表现，而且最后结局都很惨。被劝退这些都还不算最惨的，如果逃回来就跟别人说你出去旅行了几个月呗，但是有一些后果你是承受不起的。所以千万不要抄近道，不要耍小聪明，不要仅仅因为你有这个经济实力，你就觉得你有资格用钱去买一些本来不应该购买的东西。

---

[1] 中国留美学生被开除现象调查.中国青年报，2014 - 11 - 19 (9);中国留美学生现状白皮书.美国厚仁教育.

爱之以道
CORRECT PARENTING

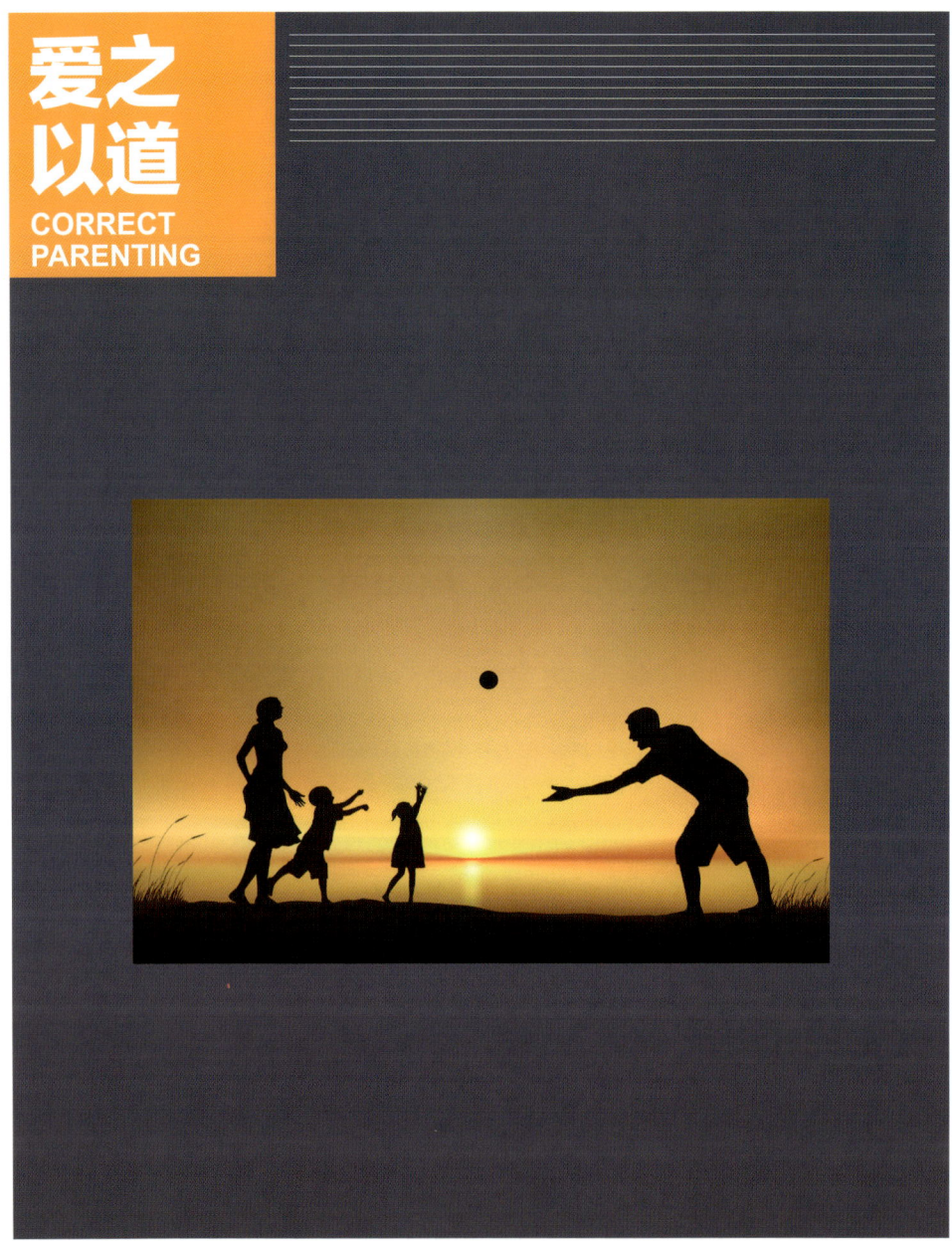

爱之不以道，适所以害之也。

——《资治通鉴》

Loving in the wrong way actually causes harm.

先进的教育理念：爱之以道

这句话是说，爱孩子的方式如果不正确，恰恰是害了他。做父母的应该用大爱去爱孩子，而不能拔苗助长或者溺爱他们。我也曾写过一篇文章表达过类似的观念，叫《以爱为名》。其实养育孩子、教养孩子跟种花种草是一样的，不要因为这盆花很名贵，就花很多钱去买精致的花盆、昂贵的肥料，每天浇好几遍水，每一小时查看一次，你做得这么精细，这朵花就会长得好吗？它肯定会被你弄死的！

我前两天在微信上分享过一部绘本《安的种子》，是讲三个小和尚种莲花的故事，书中的老师父分给名叫本、静、安的三个小和尚每人一颗几千年前的莲花种子。急于求成的本一心想第一个把种子种出花儿来，操之过急把种子种在雪地里结果种子冻死了；静忙着给种子挑选最好的花盆、最温暖的房间、最名贵的药水和花土，但幼芽得不到阳光和氧气不久便枯萎；只有安不急不躁，用恬淡平和的心境过好每一天，直到春天来临才在小池塘里种下种子，终于在盛夏的清晨迎来莲花的开放。

培养一个孩子是一模一样的道理，要讲究方法，既不能操之过急，忽视孩子的成长规律拔苗助长，也不是越多越好，越贵越好，把精力放在不计代价地提供优越的物质条件上。要像安一样顺应教育规律和孩子成长的规律，以平和的心态、正确的方法，细心栽培、耐心等待。

知行合一

CREATIVITY ACTION SERVICE

知即行，行即知，即知即行，知行合一。

—— 王阳明

Learning is action, and action is learning; when we learn through action, this is the ideal combination.

先进的教育理念：知行合一

IB 有一门特色课程，叫 CAS 课程——Creativity，Action and Service，即创造、行动和服务。这是什么意思呢？每个学生在中学阶段必须攒够 100 个小时的义工时间来换 100 个学分，用他们的聪明才智和实际行动，服务于他人，或者是一个弱势群体。没有这 100 个学分，就没办法毕业，没办法拿到 IB 的证书——多么好的一个政策！这就体现了王阳明先生说的"知行合一"：你光学习道理是不够的，学到的道理若不能去应用，就等于没有学到。你知道了善恶，知道了是非，你的行为才能够实践理论和良知。我希望家长们也能将知行合一的精神真正贯彻到以后的教育实践中去。

前两天有一篇文章在微信上疯传，是四中校长刘长铭先生说的："鼓励大家培养孩子的时候让他们做个幸福的普通人。"大家都很喜欢这样的说辞，也是有道理的，我也非常认同。很多家长转发的时候也是兴致勃勃的，回到家以后就说："对呀，我们隔壁那个小王家的孩子一看就是一个幸福的普通人，我们家的孩子可不是，我们家的孩子要做人中龙凤。"你们别笑，真的有这样的家长，我希望家长们也能扪心自问，自省一下自己是否也在不经意间犯了这样的错误。

今年很高兴听说哈佛大学正在改革他们的录取政策，把"公益心"纳入至关重要的审核标准。也就是说，我们顶尖的大学培养的当是未来真正承担起拯救人类、保护地球使命的领袖，他们的聪明才智必须要和他们的德行同步发展才有可能胜任。

想象力
IMAGINABILITY

创造力
CREATIVITY

历史局限性：想象力和创造力

好，稍微收一收，不可自小也不可自大。我们古典中式教育里面也是有一些缺憾的，我们来做一下小小的反省。大家可以跟我一起自我批评，如果你们有别的见解的话也可以分享。

中国孩子的想象力是不是被应试教育磨得黯然失色？因为我们有太多的条条框框。八股文、科举考试、儒家的礼教思想、严格的伦理纲常，都从某种程度上约束了人的思考能力，约束了人们想象力的发展。不能怪谁，历史原因造成的，但是我们可以引以为戒。现在我们不用写八股文了，我们还有"当代科举制度"，所以我们要想办法绕过它，尽最大的努力开发孩子想象力，不对，是保护他们与生俱来的想象力不受伤害。

想象力和创造力，这两个是双胞胎姐妹，没有想象力的话，创造力从何谈起？我们的"师道尊严""三纲五常""不逾矩"都是在某种程度上限制甚至扼杀创造力的发生。尤其在两次科技革命之后，中国人的优势就不再明显，就是因为别的国家没有这些东西，所以它可以大胆突破，大胆创新，而我们就显得后劲不足，进步的速度大大慢了下来。

适应能力
ADAPTABILITY

解决问题能力
PROBLEM SOLVING

历史局限性：适应能力和解决问题能力

中国是一个大一统的国家，同族文化会有一个趋同性和从众性。这就决定了我们不太容易接受外来的事物，我们把中国当成宇宙中心这么几千年，就难免滋生出一些自大的情绪，所以在接受外来事物及面对时代改变的时候，适应能力会是一个弱势，尤其很多中国父母对独生子女的包办现象让这方面的能力受到了更大的限制。而像美国这样的移民国家，本身就有很多得天独厚的优势，孩子们从小生活在一个多元文化的社会，也培养了更完整的适应能力和应变能力。

类似"万般皆下品，唯有读书高"这种论调，造成了中国的社会分工和阶层的差别，虽然我们没有印度那么糟糕，印度还有种姓制度，还有为奴为神的反动制度，但是我们也世袭了很多为人诟病的职业歧视和对体力劳动者的不尊重。再加上很多父母为了让孩子"心无旁骛"地学习，帮他们挡去生活中的大小事宜和麻烦，貌似是心疼孩子，其实是剥夺了孩子们从小养成解决问题的能力的机会。相对而言，以美国为代表西方的国家大部分很推崇 DIY（Do it yourself）文化，不麻烦别人，什么都自己来。所以尤其对于那些将来准备出国留学的中国孩子，如果想尽快适应西方的生活方式，这方面的能力需要及早培养、有所突破。

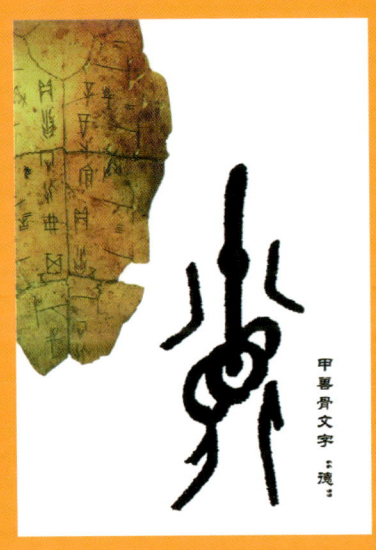

甲骨文字"德"

  讲中华文明独有的伦常美德，是我最自豪的部分。我用了一个甲骨文里的"德"字做logo（标志）。上边和下边的四个直角组成一个十字路口，中间那个是眼睛，上面一竖是"直视前方"的意思，朝着正北，北为上嘛，上为正，所以这就是说德行就是"走正道"的意思。后来在金文出现之后又加了一个"心"字，体现了这个德行里面要有"心"，也是造得很美的一个字。从这个字上就可以看到我们中国文化、中华文明里面有的东西注定要略胜一筹，我们有些东西真是外国没有的，一定要发扬光大。

2 中华文明独有的德行教育

- ★ 孝
- ★ 谦
- ★ 让
- ★ 仁
- ★ 恕
- ★ 勤
- ★ 毅
- ★ 舍

孝
FILIAL PIETY

千经万典，孝悌为先。

——《增广贤文》

Among the thousands of principles we find in the classics, filial piety always comes first.

孝

在跨文化传播领域，有个概念叫"Cultural Vacancy"，是文化空缺、文化缺失的意思，指某个民族所具备的语言文化现象在另一民族中不存在。"孝"就是一个非常典型的例子，我自认为英文很好了，但是我还是翻译不出来，网上最普遍的翻译是"Filial Piety"，Filial 是"家庭的，子女的"的意思，Piety 是"虔诚"的意思，意思是有一点儿，但是能说明问题吗？不能，就是因为西方社会没有这个文化概念。正如前段时间微信朋友圈流传的一个视频，讲述了一个白人儿子给他父亲买了一套旧房子，老爷子竟然感动得泪如雨下——可这在咱们中国不是天经地义、习以为常的事情嘛！这个反差恰恰就体现了在孝道上中西文化的巨大差异。

我个人认为 "孝"这个词体现出的中国人的家庭观念，无论科技如何发展、社会如何进步，都是不会改变的。虽然有它的历史局限性，我们修正就好了嘛，去其糟粕，取其精华。 我觉得孝"敬"要好过孝"顺"，现代版的"孝"，不再是言听计从的顺服。我自己是不可能让我的孩子为我养老送终的，我不会有这样的期待。养儿不是为了防老，是为了让他的生命得到绽放，我们这代人可以想得这么开，但是我们的父母那代人可能有点悬，祖辈就更难。所以我们这代人承上启下，背负着很大的压力：我们不要求我们的子女孝顺，但是我们对自己的父母这代人还是要做到孝敬。

我们要格外注意的是，有关"孝"的教育又像一本至高无上的武林秘籍，不是背下来就能用的。 "孝"也不是教出来的，更不是要求来的，而是一种身体力行的示范和表率，它需要耳濡目染，即使学校要求孩子把《孝经》背得滚瓜烂熟，但是如果父母一年到头都不去看看祖父母，那也不可能培养出真正懂得孝顺的孩子——你如何对待你的婆婆，你的媳妇将来就会怎样对待你。

谦
HUMILITY

知不足者好学，耻下问者自满。

——《省心录》（林逋）

Those who know their limitations will learn, but those who are ashamed to ask questions will remain fools.

谦

古语说：谦谦君子，温润如玉。谦虚是中华民族的文明得以千年不断万古长青的基石之一。中华文化中的谦虚说的是应对自己取得的成就有一份冷静，对于别人的指正也能心平气和虚心地接受，对于未知的东西抱有一份敬畏而不是自以为是，在有信心做出决定或采取行动之前能够主动向他人请教或征求意见等等类似这样的概念，它更注重的是内在的修养和品质。

我跟外国人打交道也有二十多年了，大部分时候，美国人知七分，会用他们的自信演绎成十分；而中国人即使有十足的把握，也只愿展示出七成。我觉得中国人的智慧，或者说我们这种交往方式里面，是有这些文化禁忌、文化陷阱的。我们一直是强调先礼后兵、四两拨千斤的。你看《黄飞鸿》的电影你就能知道，他那个招式啊，就是见招拆招，以守为攻，以退为进。

我也并不是说让我们的孩子躲在后面，藏在家里，而是说你在冲锋的时候仍然要保持一个抱残守缺的姿势，攻中有守，辩论中让别人先开火，你先聆听，然后你再有的放矢地打反击。这种谦逊在我们的骨子里面，在我们的血液里面。我觉得这是一种强调后发制人的智慧，应该大力提倡并传承。

让
YIELD

知其雄,守其雌,为天下溪。为天下溪,常德不离,复归于婴儿。
——《道德经》

When we know we can be Alpha achievers, but choose to be content with a well-rounded Beta life, then we become tolerant and receptive like a valley, with the moral standard and innocence of a child.

让

这句话写得好美：知其雄，守其雌。但是有点难，我稍微解释一下：他深知什么是雄强，却安守雌柔的地位，甘愿做天下的溪涧，他知道永恒的德性不会离失，山不会崩塌，水会源源不断，自己像回到了婴儿般单纯的状态。跟西方比较推崇的"敢为人先""当仁不让"的性格特征相比，"守雌"这个词，是中国文人独有的一种"不露锋芒""与世无争"的气质，翻译成当代汉语，我觉得就是"让"，是不跟人争抢的意思。

"让"和"谦"是一对孪生姐妹，概念有相近，但是又不尽相同。"谦"是一种姿态，而"让"是一种心态，一种道家的"无为"的心态。我们口语里也常说，"弟弟还小，你让让他"。怎么翻译啊？下棋的时候，也会说"我让你先走"。你别小看这一句话，很难翻译的，它绝对不是 "I let you play first" 的意思。其实它的潜台词是：我让你先走，然后我再收拾你。这就是中国人特有的一种"后发制人"的智慧。

这里还有一个很有意思的现象，汉英字典里，"让"可以勉强翻译成英文 Yield，但你去查任何一本英汉字典，都不会有把 Yield 翻译成"让"的。大多数翻译成投降，屈服，放弃，要么是产生，出产，收益。这个谬误害死人，我说的是 Literally[1] 真的"害死人"。有一个中国老司机在美国开车，十字路口看到 Yield 的交通标志没有停下来，结果车被正常疾驶的大卡车撞翻，里面四个人全部身亡。这就是不"让"的后果，最好的反面教材。

---

[1] Literally，不夸张的，照字面的，用来形容听上去不可思议的事情真的发生过，但是很多人被无良字典忽悠，误用成文学性的，象征性的，比喻的，那是 figuratively 的用法。

仁
HUMANITY

老吾老，以及人之老；幼吾幼，以及人之幼。

——《孟子·梁惠王上》

Respect others' grandparents as your own and love others' children as your own.

仁

"仁"这个词也不好翻译,翻译成"Benevolence(恩惠)",有一点点居高临下的感觉;翻成"Kind(善良)",又有点不够分量;最后我选择用"Humanity",但"人道主义"这个词儿本身又是洋味儿比较重。因为最近一直在研究、纠结这个词,突然有一天感觉醍醐灌顶。用一个当代的网络词汇来解释这个词非常应景,你看看这个"仁"字怎么写?左边一个人,右边一个二,连起来——这个人有点儿"二"。仁,说到底,其实就是有那么一点点不聪明,大智若愚的意思。

你看看我们身边的人,那个主动买单的人不是因为他钱太多,而是因为他把友情看得比金钱重;吵架的时候先道歉的那个人他不是真的理亏而示弱,而是因为他更懂得珍惜和妥协;愿意帮你的那个人不是欠你的,他是把你当朋友。墨子说"仁者,有力者疾以助人,有财者勉以分人,有道者劝以教人",有力气的人他奔忙着去帮助别人,有财产的人他省下来一点分给别人,学会一些道理的人他去跟别人分享,去教他们,把你的思想传播出来。这都是"仁"的表现。

那么"仁"与教育有什么关系呢?如今国际教育成了热门行业,在它进行得如火如荼的同时,许多与名利相关的不好的东西也渐渐浮出水面。我就在想,到底如何去衡量或者评定教育的好坏呢?

如一所学校抱着仁厚的态度去办学治校而不图虚名,则校风淳朴而不哗众取宠。

如一位老师抱着仁厚的态度去传授学问而不计偿失,则师道尊严而受学生敬仰。

如一个孩子抱着仁厚的态度去追求知识而不争名次,则废寝而忘食水到而渠成。

如一名家长抱着仁厚的态度去教养儿女而不比虚荣,则家庭温暖而恒相爱久长。

碰巧与培德办学心法里时常提的"求慢求拙"的那个"拙"字有共通之处。我们真的希望孩子笨拙一点,厚道一点,甚至"二"一点,我见过有些孩子就是如此单纯善良,被别人推了,被人欺负了,也不哭闹、不告状,那就是一种仁厚,我觉得这个孩子将来一定会有出息。从小学会忍让,学会不计较,学会不那么聪明圆滑的孩子,才会在他们心里留出空间长出大智慧。我不知道大家能不能接受我这种理念,大部分家长总是担心自己的孩子吃亏,被人欺负,少得到资源。

恕
EMPATHY

图片来源：著名画家陈正隆先生作品

其恕乎！己所不欲，勿施于人。

——《论语·卫灵公》

Don't give other people things you don't want for yourself; that is the true meaning of empathy.

恕

我先做一个检讨,我之前演讲的时候经常说"中国孩子普遍缺少同理心,因为我们都没有这个词,没有这个概念。Empathy 是一个西方的概念,即使'同理心'三个字都是借用台湾地区的翻译"。后来开始读古书的时候,我才发现,我大错特错了。你看看这几句话,从《说文》里面的"恕,仁也","以己量人之谓恕",到《论语》里面说:"其恕乎!己所不欲,勿施于人。"恕字在现代汉语里是原谅、饶恕,但在古汉语里,说的不就是"同理心"吗!所以我们不能再妄自菲薄了,我自我批评,大家跟我一起反省,我们老祖宗都说过的东西,只不过我们自己把它忽略了,这不是洋人的东西。

一字之差,英文里一个前缀的差别,"同理心(Empathy)"有别于同情心(Sympathy)。Sympathy 同情心是有点居高临下的,你看见一个乞丐没有手没有脚很可怜,你给他 10 块钱,那是怜悯。如果你看到环卫工人顶着大太阳在高速路边捡垃圾,你能感受到他的辛苦,甚至想象出非常不安全的画面,你从此不会在高速路上再乱丢垃圾,从此不会在任何地方乱丢垃圾——这就是同理心。

勤
DILIGENCE

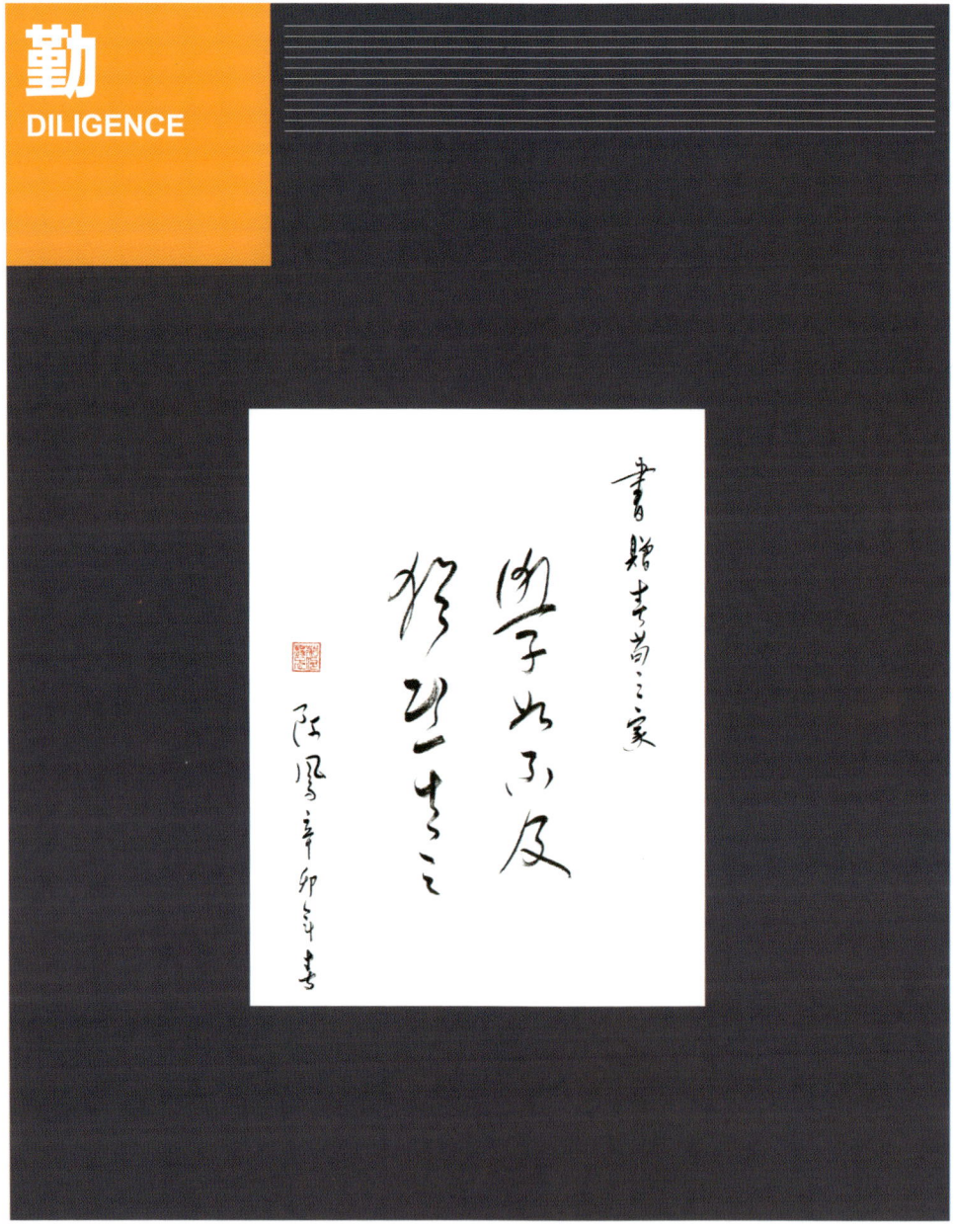

学如不及，犹恐失之。

——《论语·泰伯》

Constantly worry about falling behind when studying, and fret about losing it after catching up.

勤

这个书法是我自己写的,写的是"学如不及,犹恐失之",是《论语·泰伯》里面的一句话,就是学习的时候,总怕赶不上,赶上了还怕被甩掉。在形容一个人学习的勤奋,进取心强。类似这样的话在中国的古语里面真的太多了,"少壮不努力,老大徒伤悲""宝剑锋从磨砺出,梅花香自苦寒来""吃得苦中苦,方为人上人"……所以,说实话也看了不少世界各国的孩子,在这一点上,中国孩子的勤勉,能吃苦,世界第一,地球人都知道。

但我每次看到孩子们,尤其是公立学校的孩子们起早贪黑地做题,真是心疼。六七点钟就开始早读,晚上 10 点多还在上晚自习,周末和假期的时间也是被家长无所不用其极地用各种补习班、考证班和所谓的"兴趣班"无情填满。我不光是心疼他们的肉体,更心疼他们所糟蹋的时间。家长、老师们都反复地跟孩子强调"只要你们能吃苦,就会成为人上人"。这句话里面各种问题:且不说很多孩子天真地、乖乖地照着大人指点的方向去做了,把身体、视力和快乐都搭进去了,却突然发现好的大学根本与他无关。全国每年九百万孩子参加高考,三本线以上的大学就招收四百万人,剩下的五百万就是陪跑、陪考、陪绑、赔进去了整个童年。

即使前面的几百万"优等生",也没有像大人们说的那样,到达成功的彼岸,很多大学生还没毕业,已经失业。更有甚者,还有些孩子通过"不择手段"的方法,得到了这样那样的公平的、不公平的机会,真正成了"人上人"——骑在别人头上欺负、欺骗、不把人当人的人,靠伤害别人获得自己利益的人。在大海里游过泳的人都知道,如果你方向跑错了,游得越用力,离目标偏离得越远。"勤奋"诚然是中华民族的优良传统,但是力气用对地方、用在刀刃上又很重要,所以我们要批判性地去使用这个古老智慧。

毅
GRIT

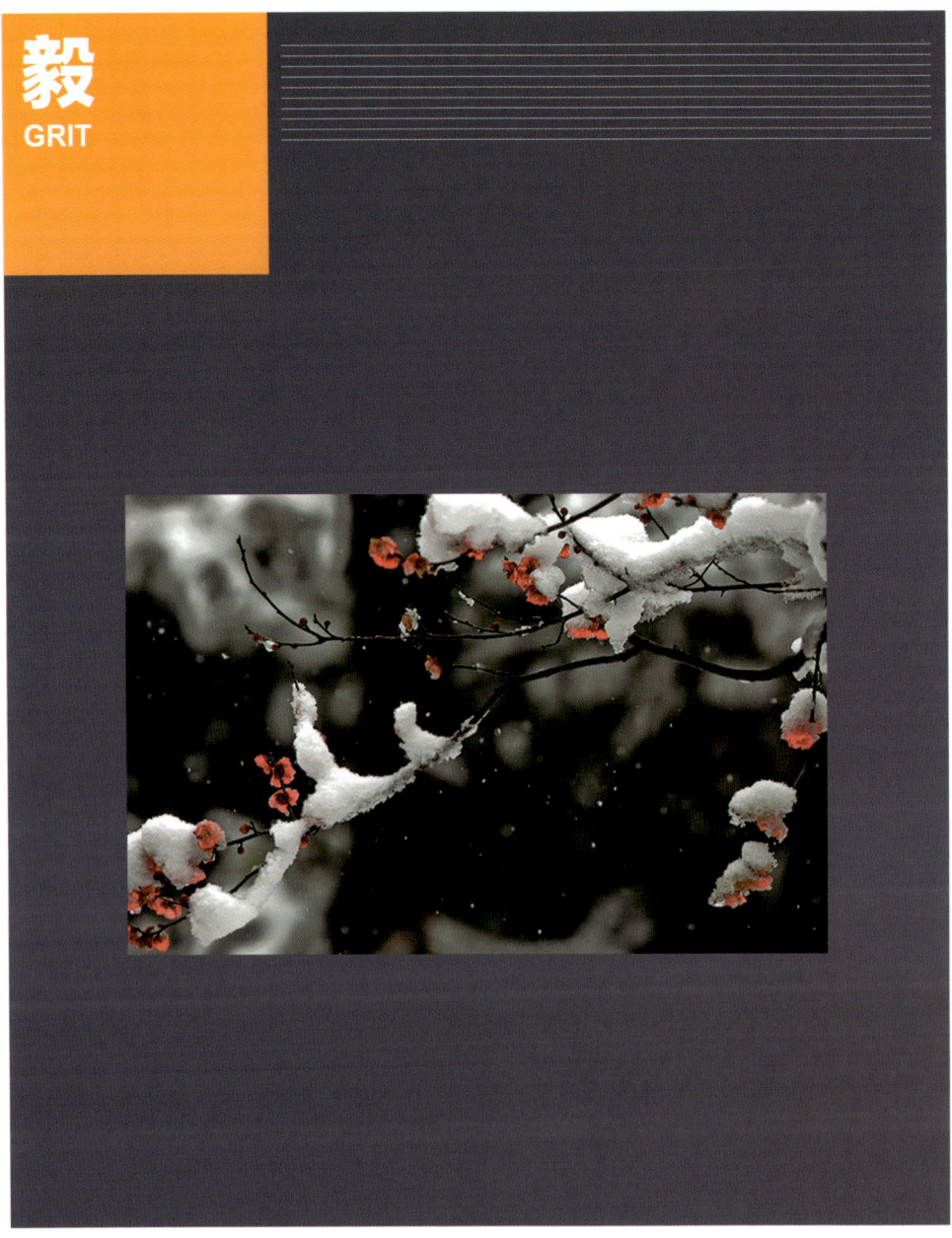

宝剑锋自磨砺出,梅花香自苦寒来。

——《警世贤文》

It takes a rough stone to sharpen a sword, and it takes a bitter winter to cultivate plum blossoms.

毅

最近一位美籍华裔的教育官员 Angela Duckworth 在 TED[1] 上做了一个演讲，在微信上火了，她用了一个较冷门的词汇，叫 Grit，这个词瞬间也红遍美国。Grit 这个词原意是"砂砾"，名词活用成动词变成"打磨"，再引申成抽象名词"坚毅"。这个词我觉得可能是美国学中国的一个明证，前几年 PISA（Program for International Student Assessment，国际学生评估项目）成绩公布之后，上海位居全世界第一，一下子让大家都紧张起来了，中国人怎么这么厉害？怎么突然全世界第一了？后来他们就开始研究中国，我们国家每年也邀请几百位美国教育者来参观中国学校，学习中国教育的经验，我猜这个词就是当时他们带回去的——Grit，坚毅。

我觉得这个"毅"字的含义要比勤奋、坚强都还要丰富，像它的英文含义一样丰富。毅和勤的最大差别在于，它不是纯粹强调努力、盲目吃苦，而是为了自己认准的方向愿意付出持续激情及持久耐力。它同时也包含了自我激励、自我约束和自我调整，它是一种不忘初衷，专注投入，坚持不懈，不放弃，不气馁，不妥协的态度和决心。

要在孩子的品质里植入这个"毅"，是需要家长们配合的。而配合不是给予，不是代劳。相反，配合是做减法，你可以参与，但不要干预。孩子的成长需要你全情的陪伴，无条件的爱，你可以帮着出主意，但并不需要你替他把一切准备就绪。就像嗑瓜子，吃大闸蟹一样，别人都帮你弄好了，就没有那个味道了。也不需要你为他计划好人生的每一步，更不需要你一路的不放手的搀扶，每一次孩子即将摔倒前的拽住。你要知道，这个注定应该在 10 岁时摔的跤，你没让他摔成，等他 30 岁再摔就可能一蹶不振。

---

[1] TED 指 technology, entertainment, design 的首字母缩写，即技术、娱乐、设计，是美国的一家私有非营利机构，其组织的 TED 大会全球知名，宗旨是"值得传播的创意"。

舍
INACTION

图片来源：著名画家陈正隆先生作品

人有不为也，而后可以有为。

——孟子

It's only after you realize there are things you can't do that you find the things you can do.

舍

同样，我觉得一个"舍"字，内涵太丰富，英文也很难翻译，it's not about giving up, it's about making choice，这与放弃无关，而是关乎选择！先有舍而后才有得，正如孟子说的，人有不为也，而后可以有为。很多时候不要去追求一些太急功近利的东西，否则你很可能会付出承受不起的代价，比如说把孩子的日程填得太满了，导致孩子的睡眠时间严重不足，一定是弊大于利的。

我刚才也提到了培德的校训，这其实是一所一直在做减法的学校，当这个世界都在像刚结束的奥运会一样追求着"更高、更快、更强"的目标的时候，我们停下来，喊出"求慢、求难、求少、求拙"的办学心法。老师们少做一点点，学生反倒有可能多学一点点，老师往后退一步，学生可能能往前走一步。这可能是我们教育者应该多花些时间去思考的事，也是家长们要千方百计想明白的道理。如果你一直在告诉孩子们该学什么，该怎么学，他一旦脱离了成年人的敦促，就不会自学了。如果你一直抢着帮孩子背书包，孩子可能永远也不会想到他早就是可以帮妈妈拎超市袋子的小男子汉了。

说到汉字，我有点停不下来。我们再看看舒服的舒字怎么写。"舍"得放下，愿意给"予"才会让人更舒服。只有真正理解汉字才能真正理解中国哲学和中国文化。

既然是做一个对比,我们最好找一个切入点、一个参照物,我就以一个我比较熟悉的也是我比较推崇的国际课程的代表——IB课程(International Baccalaureate Diploma Program,国际预科证书课程),来做一个起点。我一直喜欢IB课程的原因有很多,今天我想强调的是它以人为本的特色。因为它打破了一个我们习以为常的以知识为纲的课程架构。尤其是IB的小学课程强调以人为本,几十年不断地拷问教育者,我们到底要把孩子培养成什么样的人、具备哪些素质的人。这十条,我们叫"IB Learner Profile(学习者特征)"就是一个全人教育的起点。也就是说,具备这十个特征的人更有希望成为21世纪的世界公民。请大家花一分钟时间,把它背下来。

勤于探究的人 Inquirer

知识渊博的人 Knowledgeable

心中有爱的人 Caring

热爱思考的人 Thinker

坚持原则的人 Principled

积极反思的人 Reflective

思想包容的人 Open-minded

敢于冒险的人 Risk-taker

善于交流的人 Communicator

均衡发展的人 Balanced

3

与古典中式教育
不谋而合的西方教育理念

- ★ 勤于探究的人
- ★ 知识渊博的人
- ★ 心中有爱的人
- ★ 热爱思考的人
- ★ 坚持原则的人
- ★ 积极反思的人
- ★ 思想包容的人
- ★ 敢于冒险的人
- ★ 善于交流的人
- ★ 均衡发展的人

勤于探究的人
INQUIRER

知而好问，然后能才。

——《荀子》

You learn from asking questions, then you will become truly knowledgeable.

勤于探究的人

当代的中国教育里面使用最普遍的手段就是让孩子做题，让孩子回答问题。我认为，其实让孩子们答题前应该要让孩子们先学会问问题。其实孩子们天生就是充满了好奇心的，不用教他们也自然会问。而反倒是我们这些急功近利的大人们经常会用"你别问这些没用的""这个问题不会考"这样的言语去阻止孩子的探究心和好奇心。一旦到了国外的课堂，需要学生们去提问的时候，中国的学生经常会把头低下去。这也是很多外教老师经常反映出来的一个问题，说中国孩子的一个特色就是不爱提问，教室经常是鸦雀无声。但其实在古代，我们一直很强调提问题。整本《论语》基本就是要么孔子在问学生，要么学生在向孔子求教。

IB的另外一个核心价值，也是它经常标榜的一个学习方法叫"Inquiry-based（基于探究）"的学习方法，也就是把学习的主动权还给学生，让他们与生俱来的好奇心驱动他们去学习。英文有一句谚语说：Nobody works as hard as a curious child（没有一个人能够比一个充满好奇的孩子更努力工作）。一旦他找到了热情所在，就再也不需要老师、家长在后面逼着催着去学习了。

我做校长，每周一次的校会，我很珍惜这40分钟和孩子们面对面的时间，我特别喜欢问孩子们问题，但我更喜欢听孩子们问问题。他们这个年纪，烂漫天真，满脑子无厘头、有厘头的问题，常常引发我的思考，甚至忘记了到底是谁在教育谁这回事。我把我一学期的校会内容整理整理，发现不知不觉中，孩子们的问题助推了一系列的活动的开展，甚至衍生出了一门"生命体验课程"。

知识渊博的人
KNOWLEDGEABLE

博观而约取,厚积而薄发。

——苏轼

Read extensively but absorb concisely, accumulate heavily but express gently.

知识渊博的人

这是苏轼提出的观点,它恰恰也体现了IB的第三大核心价值:跨学科课程统整。我们都有这样惨痛的经验,就是高考那一天可能是我们这辈子学问或者说知识的积累达到最高峰的一天了。一周之后,最多一年之后,我们就变成一个脑残。你不相信的话可以去拿一套高三的考题来做做看,不说高三,你们哪位敢说初三的数学卷子你能全答对的请举手。初二呢?怯怯地举起两三只小手。那么初一的呢?

我们一直一厢情愿地用一种储蓄的方式把知识传授给孩子,感觉好像我存得越多,攒下来越多。但其实随着脑科学研究的发展,我们越来越理解知识是怎样在脑子里面储存下来的。每一个信息是一个孤立的点,两个相关信息组成一根棍,三个信息组成一个相对稳定的三角。以此类推,知识在脑子里储存的方式是通过一个个信息之间建立联系,从而建立一个信息之网。一个人思维的缜密、效率以及延展,最后就取决于这张网的密度、厚度和复杂程度。其实爱因斯坦的脑细胞和我脑细胞的总量差不了太多,但是为什么他是爱因斯坦而我只是我,就是因为我们大脑里信息的编织方法、网络的密度有天壤之别。

所以,通过跨学科的学习方法,孩子们可以通过一个现象去总结归纳出数学方面、科学方面、人文社会方面的这些规律,然后将其作为一个完整的课题去探索,效果会远远好过今天学一个物理常识,明天学一个化学知识或一个数学公式。那些都是一些零散的碎片,为什么最后这些知识存不下来?是因为它没有地方可以挂靠,跟我们的生活没什么关系,它飘啊飘啊就飘走了。

那么我们是怎样定义学术领域里拥有最高学历的人呢?大部分人可能会认为:博士应该是某一领域里的专家吧!但有趣的是,其实英文中管博士叫作:Ph.D.(Philosophy Doctor),也就是"哲学"博士。有人可能会纳闷了:我学的明明是土木工程专业,为什么最后学衔也是"哲学博士"呢?事实上,除部分特殊学科(医学、法律、教育等)以外,绝大部分博士学衔都叫哲学博士,这是因为Ph.D.是泛指学术研究型博士学位,其拥有的不仅是高水平的专业知识,更可贵的是独立探究与创新的能力;同样,"博"字在《现代汉语词典》里对应的解释是"通晓",它说的到底是"深"还是"广",我想已经不言而喻了。所以,无论从中文还是英语来看,真正的博(学)(之)士不应该是局限在一个领域、一条道走到黑的专家,而应该是一个能够跨学科思考、跨领域协作的研究者,能够通过全面宏观的思考解答一些常人无法想明白的道理,更好地解决较为复杂的问题。

心中有爱的人
CARING

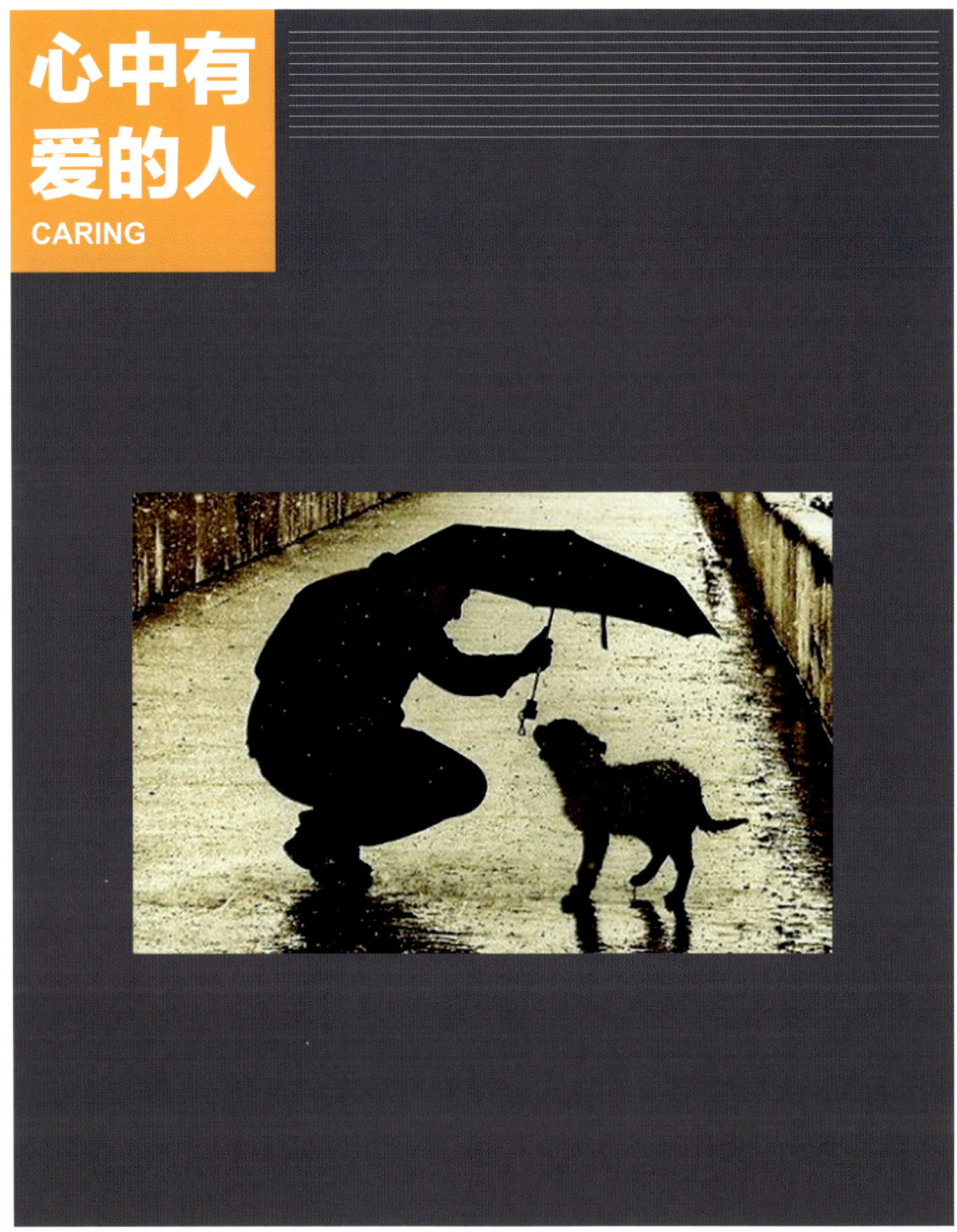

君子莫大乎与人为善。

——《孟子·公孙丑上》

A sage knows that nothing is more important than being kind.

心中有爱的人

大家来看看,这句话对应的是哪一条学习者特征?没错,心中有爱的人。

我们都知道现在中国社会出了好多问题,我们培养了一大批高分低能的孩子。但是这还不是最糟糕的情况,我们还造就了一批高分无德的人。他们为了个人目的和私欲可以杀戮双亲、戕害师长、加害同学,这些受过教育的坏人比普通的坏人更可怕。那些能把头发酿成酱油的不法商贩一定是化学、生物都学得不错的人,那些想到用避孕药去干扰动物生长进程的人也一定是受过非常好的教育的人。

所以我觉得在小学阶段,在塑造人性和个性最关键的阶段,我们如果还是只关注孩子每天记住多少单词、背了多少公式,而不去教他怎么做人,怎么样去做一个善良的人,那我觉得教育不但是失职,甚至是有罪的。早在孔孟时代,惩恶扬善就是他们的一个教育主题,尤其是相信"性本恶"的荀子,他认为人生出来是没有这种礼义的,所以要靠学习去获得。我觉得我们不用去分门派,孰对孰错,我觉得他们的一个核心思想都是需要在教育中注入"善"和"爱"的元素,把它们作为一个课题去教给孩子。

在西方生活过的人都应该有这种感受,先不说文明程度、经济发展、硬件设施那些,光说一个安全感,我就真的很怀念。我在加州住的时候,基本是夜不闭户,也是路不拾遗的。我丢了无数次钱包,最后都毫无例外地被找回来。我在夏威夷海滩上,脱了裤子下海游泳,回来,裤子也在,手机也在。在美国,陌生人之间的互助行为是普遍而义不容辞的。我曾在阿拉斯加旅行一周,租的车不会自动关灯,我这吃一堑不长一智的二货,连续两天耗尽电池后打不着火,还有一次楞把车开到没油。但每次无论是黑灯瞎火,大雨倾盆,还是高速路边,总有人挺身而出救我于水火之中,也没有人要求回报,甚至连油钱也不肯收。

这种长在肉里的东西,一定跟从小的教育是分不开的。我的很多朋友即使年年有"田园将芜胡不归"的感慨,但最终没有回来,可能就是舍不得那种安全感吧?

热爱思考的人
THINKER

学而不思则罔,思而不学则殆。

——《论语·为政》

Studying without thinking makes one confused, and thinking without studying makes one lazy.

热爱思考的人

这个对应的是哪个学习者特征呢？很好，Thinker，热爱思考的人。

很多人知道我是留学生，但不知道其实我还是个留级生。在高中的时候我曾经休学过一年，那时候觉得"我的妈呀，天都要塌下来了，这可怎么办呀！"但是若干年之后我再回过头去想那一年，可能是我成长最关键的一年。因为只有那一年，我真的有时间可以停下来，停下我匆忙的脚步，停下我像笼子里转盘上的小仓鼠一样每天做卷子、讲卷子的节奏，并且真的是有时间去读一些我一直想读但没有时间去读的书，比如三毛全集和金庸的全部作品，去走一些我一直想去但没有去成的地方，比如我父亲的祖坟，我母亲的故乡，去做一些我一直很想做但没有机会去做的事情，比如写书法，学吉他。而且最关键的一点是，我终于能够有时间停下来去思考了。

对于一个十五六岁的年轻人来说，他其实有很多东西要去想，但是因为我们的生活节奏太快了，没有时间去做这件重要的事情。这样做造成了很多很严重的后果，我们只是没有数据去报道这些后果而已。有的话，结果会很让人吃惊，也会让人惊恐。所以，学而不思则罔，说的就是这个意思。我们要在学习的空间里，在学校教育和家庭教育的空间里，都留出一些在我们书法界叫"留白"的时间，给孩子们去思考，让他们去想一想他是谁，他想做什么的问题。

一位好像是日本的企业家说过一句话："如果你看到别人在做事情，你最好别打扰他，因为他在忙。但是如果你看到别人没有在做事情，你更不要去打扰他，因为他在思考。"请问大家，你们平均每天花多少时间思考，不看手机、不刷微信，就是心无旁骛地在思考呢？

坚持原则的人
PRINCIPLED

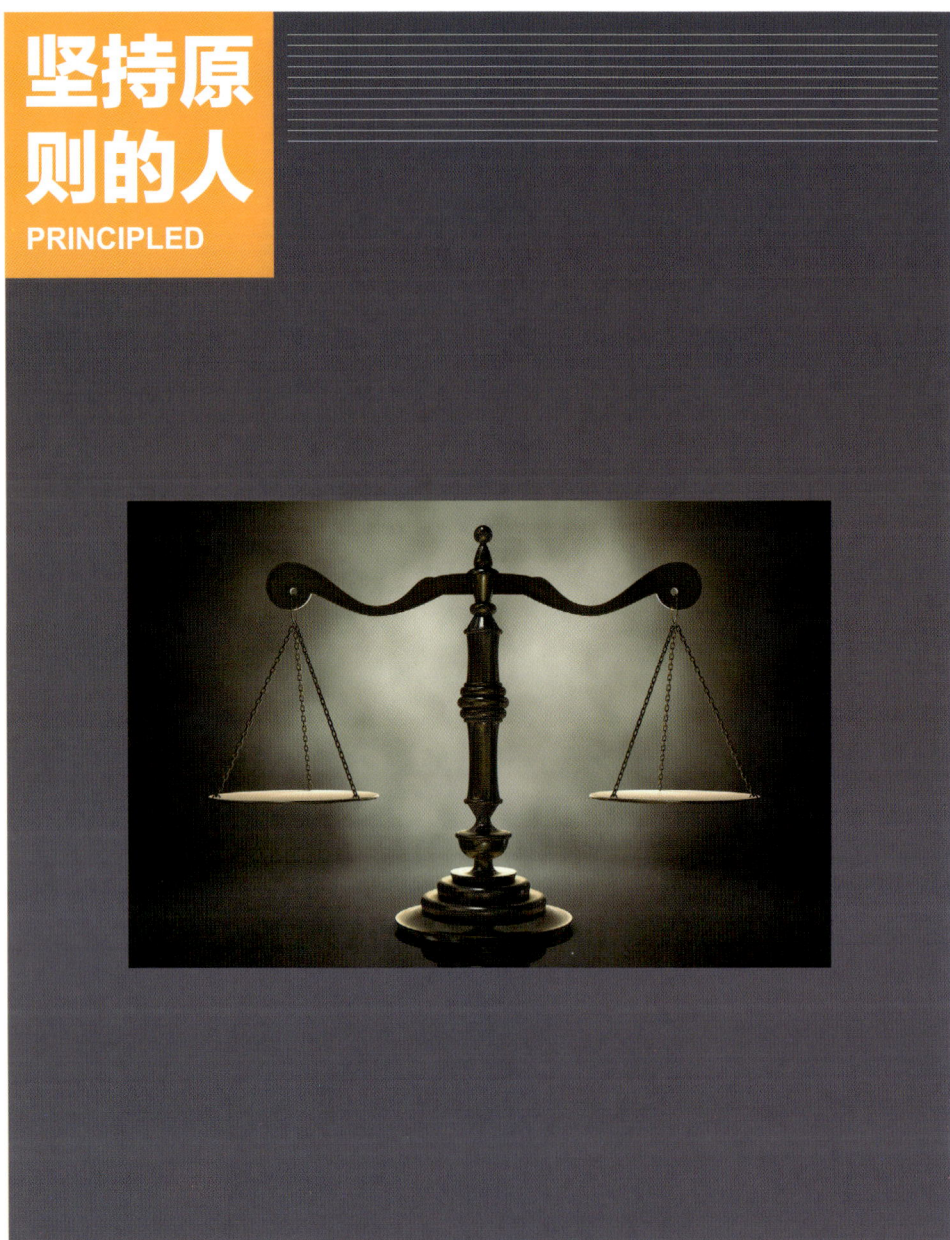

咬定青山不放松,立根原在破岩中。千磨万击还坚劲,任尔东西南北风。
——《竹石》(郑燮)

A pine tree clings tightly to the mountain with its roots and doesn't change its stance no matter whence the wind blows.

坚持原则的人

这么朗朗上口的句子，我们一起来念一下吧！朗读也是能帮助记忆的。这个字——燮读 XIE（第四声），这个名字大家可能陌生，但说起他的名号，大家就都知道了，对，就是板桥先生。它说的是什么呢？没错，坚持原则的人。2012 年，我在考虑回不回国的时候，曾经做过一张表格，天秤座的纠结毛病又出来了。左边是回国的好处，右边是留在美国的好处，结果谁想到，最后两边总分都是 95，完全一样，也不知道是老天爷的捉弄还是天秤座的宿命。但是在这个梳理的过程中，有一件事情我是真的适应不了的，那就是安全感。雾霾啊，食品安全啊，这些都还好，我本来也没想活太久，活得有品质就好。

我的一些外国的朋友告诉我他们对中国人的印象：经常爱"抄个近道、图个小利、打个擦边球、要点小聪明"。在国外也经常听到很多让我觉得匪夷所思又无地自容的故事：有些留学生在硬币上凿个孔，拴根鱼线在停车收费机上反复使用，有些家庭主妇把大个鸡蛋换到小个鸡蛋盒子里去结账，还有个酷爱户外活动的人每次出去露营就买一顶帐篷，露营回来拖泥带水就去退掉，因为美国很多大商场是无条件退货的。最让我无法容忍的是这些人不但理直气壮地做了这样丢脸的事，还沾沾自喜，得意洋洋，在朋友面前津津乐道说美国人有多蠢。学会钻制度的空子，学会利用别人的信任，干出这种狗屁倒灶的事情，我们不能再用一个穷字去解释去原谅了，能到美国的人绝对不是什么吃不饱肚子的人，归根结底，就是因为我们的人格教育里，我们的公民教育里少了一样很关键的东西：原则。

我最近在网上也看到一个故事，一个在德国读完了书的中国女博士毕业后却怎么也找不到工作，恼羞成怒去告人家"种族歧视"。后来终于有一个雇主很坦率地告诉她为什么没要她，雇主说："你刚来德国的时候去坐地铁没有买票，我们捉到你之后，你说你刚从中国来，不了解规则，我们就放过了你；但是我们的历史记录查到你后来还有几次仍然没有买票（因为在德国是没有人监控，买地铁票全靠自觉），我们就觉得你是一个没有原则而且喜欢钻空子的人。"

如果您身边有德国朋友的话，你一定会有同样的体会：德国人的刻板和斤斤计较。这种计较不是跟你算计，而是他们坚守了这个原则是绝对不妥协的，不管是什么条件。这可能就是德意志这个民族可以那么坚强，那么优秀的一个核心原因：坚持原则。

积极反思的人
REFLECTIVE

以铜为镜，可以正衣冠；以古为镜，可以知兴替；以人为镜，可以明得失。
——《旧唐书·魏征列传》

Using bronze as a mirror, you can dress properly; using history as a mirror, you can understand the law of success and failure; using people as a mirror, you can understand the philosophy of loss and gain.

积极反思的人

这段话我从小就非常喜欢,写得太棒了。我问大家一个问题,谁能马上站起来脱口而出地给我们讲个笑话?没有人能讲?你们平时微信上都刷些什么?没有笑话吗,不会吧?那我再换一个问题,你去年一年都看了什么书?书里讲什么?你的收获是什么?怎么,又没人愿意分享?还是忘了呢?肯定是忘了呗。所以说,再好的书,过一个月你就忘了。

看电影也是一样,尤其是单身人士,你看完电影,不跟别人交流,不跟别人分享,也会忘记,哪怕当时你哭得稀里哗啦的。所以我要强调的,就是反思。不管是一本书,一部电影,还是你去了一个很有意思的地方,读的时候,或者旅行回来以后一定要跟别人分享一下,探讨一下,写下来最好。即使没有别人的时候,你自己也要做一个反思,把收获内化成你自己的思想,它才算完成了学习的整个过程。尤其是当你犯了错误的时候,你如果还不反思的话,那造成的损失和付出的代价就变得毫无意义了。

很多人怕写读书笔记,我猜想可能是小时候被老师逼着在春游之后布置写游记烙下的阴影吧?其实写读后感、观后感、游后感这些形式都是对的,只是可能老师在批改或打分的时候用的标准不对,打击了学生记录真情实感的积极性吧?这一点很重要,一定要尊重孩子真实的感受,哪怕是去了一个爱国主义教育基地,孩子们如果觉得很无聊,请你尊重他把这句话说出来的权利。甚至或者如果孩子不希望别人知道她真实的心理活动,我也建议保护她这份隐私的权利。日记的性质就是这样,可公开去发表,也可私底下珍藏。

思想包容的人
OPEN-MINDED

学无新旧也，无中西也，无有用无用也。凡立此名者，均不学之徒。

——王国维

Those who insist upon classifying knowledge as old or new, western or eastern, useful or useless, are not real scholars.

思想包容的人

我以前觉得自己还挺开明的,直到我走出国门,哇,原来世界还可以如此"多姿多彩"。我们喜欢、厌恶的东西,我们追逐的东西可以如此不同,我开始真正理解什么叫 Liberal（自由）,Liberal 和 Free 还不一样,它不光是指身体和行为的不受约束,它更上升到自由主义,讲的是灵性层面的东西。大家都以为美国很开放很包容,其实跟法国比起来差老远了。虽然说法国人也有很多固执、傲慢、不讨人喜欢的地方,他们在对待外族人也不是很好客,它也不刻意追逐多元化,但它就是觉得什么都 OK 的,没有裁决（Judgment）和道德绑架。

多出去看看,多跟不同种族、不同民族、不同文化背景的人去交往,你会发现你的思想会越来越开放,越厚道,越不会对别人指手画脚。所以我坚决地鼓励孩子们出去留学,不光是为了去拿一个学历,而是说你能够通过这几年,甚至十几年的历练,把你的思维打开,把你的眼界打开。在教育层面也一样,我以前也一度坚信"梅花香自苦寒来"的神话——好像如果你不把自己往死里逼,你不把所有的快乐、爱好和自我全都搭进去,你不可能获得成功。因为我自己是这么过来的,我觉得它可以被复制,直到我在美国做了校长之后。

咦？完全不同的体制！完全不同的方法！最后这些孩子都很棒！他们从来没有被排过名次,家长从来不知道我的孩子成绩是多么"好"或多么"不好",他们不知道,他们也不想知道,他们只在乎孩子每天很快乐,很喜欢上学,对世界充满好奇,很喜欢提问题,他们会发现美,会创造美,他们很有爱,很会爱自己,也很会爱别人。看到这些,我就开始反思了,我就开始质疑了,质疑我以前对教育教学的认知,教育方法上是不是可以多元化,是否可以尝试一些新的东西？

其实,在中国的历史里面有几个时期真的是很自由的,而且那些时期人们的思想自由程度碰巧又跟当时教育的发展,社会的繁荣是成正比的。尤其在春秋战国时期,百家争鸣,才创造了中国文学史、哲学史乃至教育史上的一个高峰。正如王国维先生说的"学无新旧也,无中西也,无有用无用也"。没有必要去分你家我家,道家法家,你是对的,不代表我是错的。

敢于冒险的人
RISK TAKER

见侮而不斗,辱也。

——《公孙龙子》

It's shameful to see bullying without doing something about it.

敢于冒险的人

这句话是什么意思呢？就是你见到有人在恃强凌弱欺侮别人，而你不去为他讨个公道，那这就是一件很丢脸的事情。这句话我觉得真的很适用于现代的社会。其实当年我准备回国的时候我亲生爹娘是坚决反对的，虽然他们已经对我朝思暮想了20年，但可能他们比较了解自己的儿子吧，天秤座的人本来就是非黑即白、嫉恶如仇的，在我们的这个道德标准里面，没有太多灰色地带，而中国社会出现了很多"地沟油""黑心棉"这样的乱象和严重的突破道德底线的问题。

不过就像当年她没能拦住我去北京一样，她也没能拦住我回中国。我妈最后说回来可以，但必须答应她一件事，你猜是什么？她说你看到老头老太太倒在马路上，你一定不要去扶。我当时以为我妈疯了，后来我上网查了新闻才搞明白是怎么一回事。我理解我妈的苦心，她怕我摊上官司或者被别人冤枉。但是我还是不可能接受，我觉得中国社会现在可能还就是缺这么一点点勇气，这种勇气不是指你敢于去蹦极、去打架的那种匹夫之勇，而是指你明明知道有风险而继续坚持做对的事情的一种胆量，一种担当。

在英语里有一个词，我也想跟大家分享：Chivalry。翻译成中文叫"骑士精神"，这个词可能最近的几十年即使在西方也不太常用了，尤其是当女权主义出现之后。它可能是老贵族比较强调的，小事情上譬如帮女士脱外衣挂起来，帮她们把椅子往后面扯一下让她们坐下，这些都是骑士精神的一种体现。而骑士精神的另一种表现形式就是见义勇为——看到不好的事情你觉得有去干涉的责任。

大家有没有看过一个视频？是美国做的一个社会调查。试验中安排了一位成年男演员光天化日之下去搭讪孩子，结果无一例外地有人挺身而出问孩子认不认识这个人。如果中国也能这样，每年就不会有这么多孩子被拐卖了。买者当罪，卖者当诛。虐害儿童身心、强迫行乞者当处以极刑；旁观者、知情不报者都当连坐。在这件事情的立场上，我完全不想讲任何道理和慈悲，太可恨了，你们有没有见过多少年坚持找孩子的那些家长的表情？太惨了。

稍微吹嘘一下吧，我刚回国的时候尝试过这样的事情，坐过北京地铁的人都知道，常常是你还没下去，很多人就涌上来，通常我跟大家一样只会嘟囔几句，哼哼几声，有一次我实在是忍不住了，把手伸开，然后对着所有在我面前往上挤的人说："我们先下去，你们再上来，大家都方便。"很礼貌，很温和，但是语气很坚定，目光如炬。没想到，大家都停下来了，也没有人打我，也没有人说"你谁啊？要你多管闲事"什么的。所以我觉得很多时候可能就是一个坏习惯而已，只要我们每个人攒一点点勇气，花一点点时间，惹一点点麻烦，这些不好的习惯就有可能被一点点改变。而往往如果你忍了，凑合了，妥协了，这个风气、这种习惯就会愈演愈烈。

做一件应该做的事情，即使有风险，我也可以承担这个风险、我也愿意承担这个风险，这就是英文里面的"Risk Taking"冒险精神。而且说实话，"坏人"大都是纸老虎，只要你有这个勇气面对他，用眼神、用你的肢体语言告诉他说：This is NOT okay（这是不对的）！他们大多数时候是会退却的。如果大家想要练练胆子的话，可以先找一些个头小一点的，我地铁那次也是看到冲在前面的都没有我高大才出的手。笑什么笑？我又不会打架，我也确实不想被打得鼻青脸肿，总得先评估一下风险吧？而且我觉得女士更可以不用担心，因为我觉得真的会动手打女人的男人不多。即使他真的敢这么做的话，一定会有人站出来的，我有这个信心，我觉得中国社会还不至于那样。

善于交流的人
COMMUNICATOR

言之无文，行而不远。

——《左传·襄公二十五年》

Words that are not elegant will not become popular.

善于交流的人

提到这句话，我想跟大家稍微掉掉书袋。中国的文字实在是博大精深。在古代的时候，我们称没有文采的作品为"言"，我们称无韵脚而有文采的作品为"笔"，最后又有韵脚还有文采的作品才能称为"文"。所以，夸一个人的文学修养，说他"文笔好"，其实出自于这个典故。"言之无文"就是说你说话没有那个文采和美感，你即使说了，它也不会流传，即使传播，也不会走得很远。

我觉得当代中国的语文教育里面，就缺少了这个东西。很多时候只是去应试、去做题，而没有重视语言的美妙性和文学性，于是我们的孩子写作文往往流于说假话、说空话、说套话、说场面话，流于格式化。同样，在口语中也会具备文雅从容的演讲表达能力。现在我招人的时候真的是比较看重候选人的文字功底，也就是他的"文笔"，无论是什么岗位我都要求面试者先加一下微信，微信上最好有原创的东西。我觉得一个有文笔的人，他的沟通能力一定会强，他的表达能力也会强。反过来一个不善于沟通表达的人，将来一定会出问题。如果大家有兴趣的话，我还有一场讲座专讲跨文化传播，这也是我比较感兴趣，也做过一些研究的一个领域。那个演讲还挺好玩的，专门讲多元文化中的传播方式和技巧。

那它对应的英文是什么呢？Communicator，它就是在强调沟通能力。在我们古代的教育里，由于阶层分化，士大夫阶层可能更加强调沟通能力，但是对平民百姓的话就没有那么重要。而美国人就从小非常重视表达、沟通以及演讲的能力，你看看他们怎么选总统就知道了，全靠一张嘴。不过我是很鼓励大家看看美国总统竞选演讲，尤其是面对面辩论那场。有时候可能会撕得太狠太 Low，但双方使用的逻辑、修辞、绵里藏针的攻势还是有很多地方值得学习的。

均衡发展的人
BALANCED

中者，不偏不倚，无过不及之名。庸，平常也。

——《中庸》

Stay in the middle, unbiased, without going too far or staying too close. The "doctrine of the mean" is really just being simple.

均衡发展的人

很多人不喜欢"中庸"这个词，我觉得他们可能把"中庸"和"平庸"两个词联系在一起了，认为中庸就是不温不火，不咸不淡，没有原则，没有态度，其实不是这样子的。综艺节目《奇葩说》就特别有深度，是蔡康永、高晓松和马东主持的，问的、辩的都是一些很有争议的社会问题，每一集都能让你笑得前仰后合，再哭得死去活来，还能让你深刻体会"谁都有道理"，"很多事没有对错"，"人的一张嘴真厉害"，"做人真不容易"等等幸福和无奈的感觉。我觉得罗振宇在《奇葩说》里说的那句话说得特别好：中庸并不是没有原则，而是在任何特定的时间和空间都恰到好处。

因为我们生命中遇到的大部分问题不是非黑即白的，我们遇到的挑战也不是二元的简单抉择，我们需要去寻找那个平衡点，那个度。包括我们今天要做国际学校，到底百分之多少是中文，百分之多少是英文，谁有绝对的最佳方案？中文多的学校，可能英文就会弱一点？那你课后再去创造一些环境，去让孩子多有机会去看看原版英文片子，那也是可以的嘛！

再比如我们平时对健康和美味的权衡。你到底是想吃得开心吃得爽，还是说你要保持你的身材、你的健康？那也是一种平衡，所以说到底大多数决定最后没有一个十全十美的方案，也不一定是一个非此即彼的选择。我觉得那就是中庸之道给我们的一个启示。很多人经常批评天秤座的人优柔寡断，患得患失，我觉得是天大的冤枉。其实他们就是在不遗余力地去寻找那个最佳的平衡点，那个恰到好处。他们其实并没有那么难搞，他们只是太懂得体谅，太不忍轻易割舍，太希望顾全大局，太在意每一个人的感受。

好，以上我是用 IB 的这个框架来总结了素质教育的方向、也对应地挖掘出了中国的哲学以及教育方面的一些指导思想。结论是什么？我们一点都不比 IB 少，一点都不比 IB 差，对不对？

未来公民核心素养

- ★ 自我引导
- ★ 广泛阅读
- ★ 自信心
- ★ 抗挫力
- ★ 环保意识
- ★ 情绪管理
- ★ 责任感
- ★ 团队精神
- ★ 批判性思维
- ★ 道

十五年以后最热门的工作,要么现在还不存在,要么再也不复存在了。

我们再换一个 paradigm（范式）换一个 framework（框架）来看一下中西教育的异同。"软实力"这个词近年来也说得很多，我也是不止一次地在我的演讲里面提到这个词。那到底什么是软实力？还是老规矩，我不说，你们来告诉我，我知道你们可以的。

想象力，情绪管理，自律，自信心，感恩心，观察力，发现美的能力，公德心，公益心，爱的能力，演讲能力，自我引导，时间管理，自尊和尊重别人，抗挫力，宠辱不惊，幽默，独处，体力，耐力，自嘲，感知力，适应力，身心灵建设，动手能力，讨人喜欢的能力，评估风险的能力，辨别并应对失实表述的能力……

谢谢你们，非常感动，非常激动，每一次我做这场演讲，都会听到我之前没听过的东西，再次证明了，站在讲台上那个人不一定必须是全场拥有最多知识的那个人，大人们的课堂是这样，孩子们的课堂更应该是这样。

那我们再来看看，你们列出来的这些东西，有没有一些共性呢？软实力，它就是一些看不见摸不着的，一些不容易被量化、不容易被测量的东西。但不容易测量就代表它们不重要吗？高考不考的东西我们就可以忽略它们吗？我们在衡量学生成就的时候，除了语文数学外语的分数，我们要不要去看一看它们在这些方面的成就和进步呢？因为说到底，十五年以后的世界是什么样子，我们很难预测。但是，我可以很负责地告诉你，十五年以后的职场，大家拼的一定不是语文数学外语这些考试的成绩，而是这些软实力。

因为我们现在看待教育的眼光始终停留在脚下，局限在眼前：上什么课，教什么公式，这个分儿，那个名次，这个考试，那个升学。你忽略了教育最关键的一个特质，它是具有前瞻性的。教育不能只看重孩子今天的成功，而是为了他们将来可以有竞争力，可以在这世界立足。所以我们必须在教学过程和治学过程中不断地去反思这个问题，什么叫软实力？怎么去培养学生的软实力？当代的教育做得不好，那我们去看一看我们在古代有没有做得更好一点。大家来看几个句子，我们一个个地去讨论。

自我引导
SELF-DIRECTION

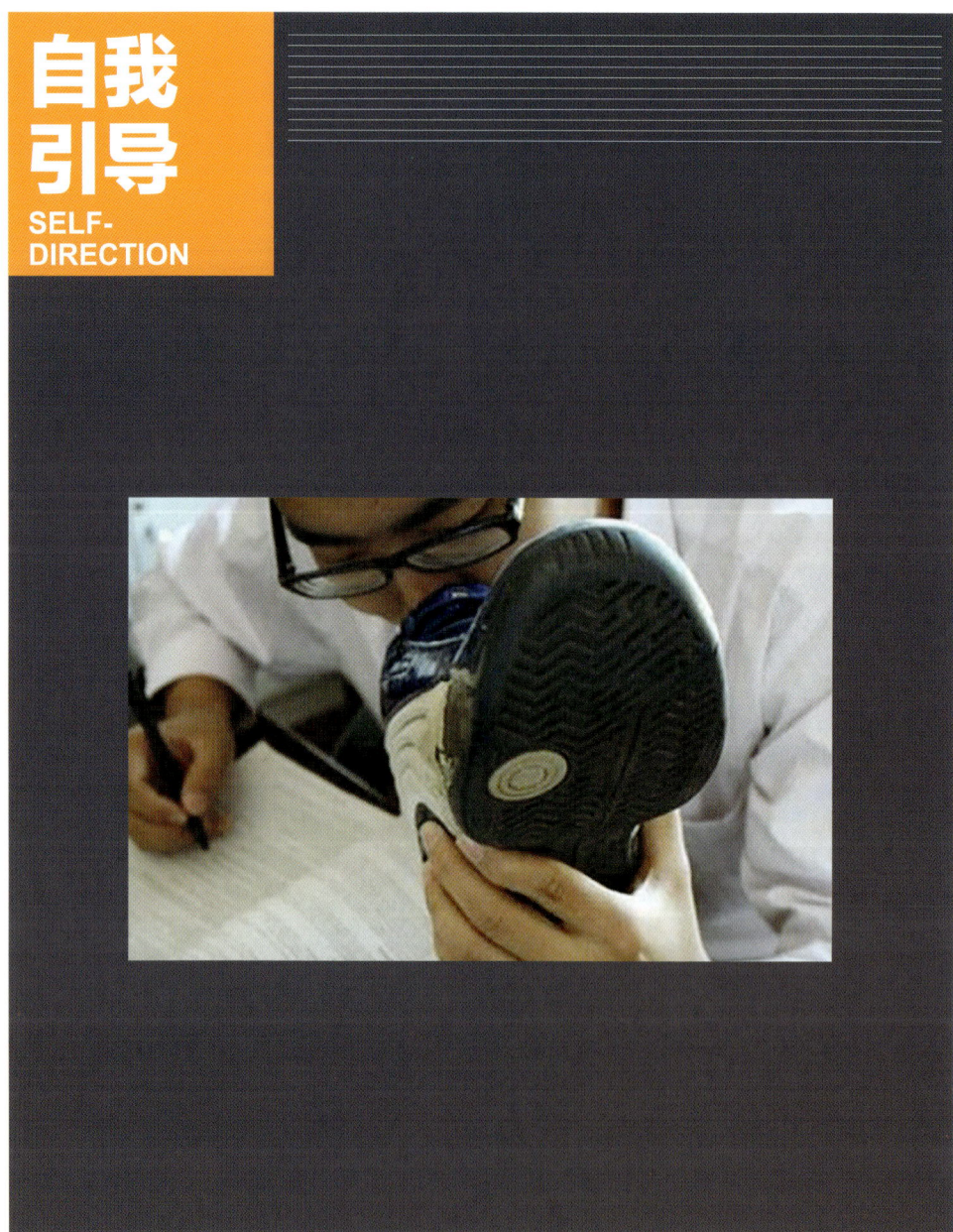

君子深造之以道，欲其自得之也。自得之，则居之安；居之安，则资之深；资之深，则取之左右逢其原，故君子欲其自得之也。

——《孟子·离娄下》

A sage uses the right methods for learning because he yearns for truth himself; when he learns something by himself he is content; when he is content, he is rich in resources; when he is rich in resources, he can go to the source of learning. This is why the sage values self-learning.

自我引导

这段话是孟子说的，它的意思就是说，一个人要按照正确的方法去学习，是因为他自己想获得真理。他自己获得的道理呢，他就能更牢固地掌握它。牢固地掌握它以后就可以积蓄很深，积蓄深了之后，就可以左右逢源。所以，归根结底，一个孩子的学习应该是自发的，自我引导地去探索真理，而不是来自于父母的压力和期待，老师的教诲和鞭策。

你们当年多少是父母给选的专业？请举手，你看很多吧；那有多少人当年就很讨厌，现在还是很讨厌那个专业的，请举手，还是很多；那多少人计划将来要帮你的孩子去选专业的，请举手，嗯，还是有，你们很坦率，谢谢你们，但是明显少了很多。我没有测谎仪，我也看到有些家长没举手，但眼神闪烁。或者说你们不好意思举手，或者说你们还在思考。没关系，这就对了，我希望你们都选择不好意思举手，我希望你们开始正视、反思这个问题。

我更希望十年以后你们还记得今天这场讲座。到时候最大程度地尊重你孩子的想法，更多问一问他想要什么，而不是你觉得什么是最好的。他自己选的方向，他自己去做的这个决定，那他就会为这个决定负责，他所付出的努力就会加倍。为了自己的梦想，他们不但会付出努力，还会自律，自律也是一个非常重要的一个武器。即使错了，没成功，年轻人，没关系的，好过没试过，我个人的信条是 I would rather regret doing something than regret not doing something and spend the rest of my life wondering what if. 我情愿后悔做了一件事，也不想后悔没去做一件事而用我的余生去猜想如果当初……

我还是要稍微嘲笑一下刚才那些第一轮第二轮都举手的家长，你们妥协了。我不是怪你们，我很同情你们，我也有一些这样的小伙伴，当时就是父母之命，选了一个自己很不喜欢的专业，而且一路按部就班地走下来了。中国人吃苦耐劳嘛，就扛下来呗，不就是考个证书呗，然后工作也找到了呗，而且通过你努力，也挺辉煌的，也挺事业有成的，钱也不少挣。都比我厉害，有房有车，好多房好多车。但是，他们找我喝酒，他们很容易醉，不是因为我酒量太好，而是因为，他们一点都不快乐。

广泛阅读
EXTENSIVE READING

读书破万卷,下笔如有神。

——杜甫

After you have read 10 000 books, picking up your own pen to write feels like a gift from heaven.

广泛阅读

杜甫说的，多棒！读万卷书，是一个非常重要的基本功。现在微信上时不时冒出一些"说走就走的旅行"，过分片面地强调"行万里路"也是不行的，没有读万卷书的行万里路很容易把你变成一个顺丰快递员。当代中国的孩子也读万卷书——不过是万份考卷。中国教育还有个问题，为了考试分流，在高中的时候就被强制分成文科生、理科生，并不断固化、深化他们的区别。我觉得这种分法贻害很深，甚至直到长大之后，我们还会把自己 Stereotype（归类）。比如说我对遥控器这个东西始终是望而却步，甚至我现在把电视都戒掉了，因为我真的搞不定这个遥控器，太复杂了，我就会给自己找借口说：哎呀我是文科生。

虽然大学生不用再读数理化，我当时觉得很开心，但其实我知道这样的知识结构是有缺陷的，也导致我在博士阶段再读统计学时感到生无可恋的那种痛苦和艰难。我其实非常崇拜理科生，尤其是当我看到理科生不但思辨缜密，同样也能写出曼妙深情的文字的时候，你们当中就有很多这样的人。而且，我觉得理科生打破他们的学科界限，去探索艺术、文学，甚至哲学的可能性要远大过文科生去研究科学，而你的那种恐惧和自卑心理，已经把你锁住了。所以，如果你选择了不走应试教育这条道路，你同时也就拓宽了孩子们阅读的空间，让他们不管是文史哲数理化，都去涉猎。这对他们智力的开发和逻辑的训练，都是有百利而无一害。西方教育非常鼓励孩子什么书都读、尤其是那些被中国的大人们叫作闲书、杂书、没用的书。

IB 在这方面就做得很好。在小学阶段是通识教育，在中学就有了选择，但这种选择不是非文即理、非黑即白的，它有主学科群、次学科群，允许你偏科，允许你有喜欢的、没那么喜欢的学科，但仍然鼓励你全面地发展。

自信心
CONFIDENCE

人之为学，不可自小，又不可自大。

—— 顾炎武

When we study, we should be neither too humble nor too arrogant.

自信心

中国孩子不够自信，大家都知道这个现状，这个没办法掩饰。我在美国做校长的时候，在杭州有个姐妹学校，每年两校互访，美国孩子来中国，中国孩子去美国，两国的孩子放在一起，问他们同一个问题，当场就分出胜负来了。我觉得这个可以回到顾炎武先生说的观点，但我们往往都记得后半句：不可自大。你看他其实先说了什么？不可自小。如果你真有本事，也不要过分地谦虚，该冲的时候往前冲，更不可妄自菲薄。

我觉得我们的教育失败的一个原因是中国的教育太强调补短。经常是以补课的形式去把孩子们慢慢养大，英文不够好去补英文，数学不够好去补数学，始终在追别人，始终在弥补自己的不足。没有去强调孩子的过人之处，没有去强调他可以自信的地方。但是这个自信太重要了，让孩子在一件事情上建立起的自信，他可以被复制、被衍生，让他去做很多别的事情也可以同样地自信起来。

抗挫力
RESILIENCE

天将降大任于斯人也，必先苦其心志，劳其筋骨，饿其体肤，空乏其身，行拂乱其所为。

——《孟子·告子下》

If the universe wants to give someone a great responsibility, it may first torture his mind and body, take away his food and possessions, and mess up everything he does.

抗挫力

就在这个月,就在北京,就在我们国际学校的这个圈子里面,我不点名了,又有一个初中的孩子跃下四层楼,结束了自己的生命。非常让人心痛,这绝对不是第一个,也很有可能不是最后一个。我之前在大学任教时也做过帮助中国学生申请美国大学的工作,做着做着我就特别地沮丧和焦虑,干不下去了。当我跟这些家长和孩子聊天的时候,我其实想说的一句真心话:你先别问我去哪个国家、去哪个学校,学校排名多少,我觉得你这孩子根本就不应该出国。我倒不是担心他的成绩不够好,或者英语不够好,而是因为他缺少一样最重要的素质:抗挫力。

这情况在普通学生,或者那些所谓的"差生"身上可能还好一点,那些从小被老师骂大,被家长打大的,他还真练就了抗挫力;我反而担心的是那些"尖子生",那些我们所谓的"好学生",老师心目中的乖小孩、家长心目中的金凤凰。他们从来没有失败过,这么多年走得太顺了,也没有人去教他们怎样去面对失败。而且学校和家庭每天的这种氛围就是鼓励他们去夺冠军,第二名都不行,98 分都不行。

这些孩子们面临的第一种窘境就是居高难下:"你们已经把我当成优秀生了我不能给家里丢脸啊,我必须得努力往上爬,不能跌下来。"这种压力其实很大,也很不健康。 这些学生出国以后,他们这些年所锻炼的(应试)能力,突然就失效了。我刚到美国那年就是这样,天天盼着考试,不考试怎么展示学霸的水平啊?可是在美国偏偏不考试,我们通过 Presentation(口头汇报),Discussion(课堂讨论)来考核学生。什么?学生说话?不会吧,我是来听课的,我只会记笔记。而且上课大家不是排排坐,是老师学生围一圈,你根本无处藏身。

更何况,一些学生可能还是通过留学中介采取了一些不诚实的手段去了一些排名不错的学校,一些他原本够不着的学校,那就更加有挫败感了。这些好孩子出了国以后完全不适应,吃也吃不习惯,不会交朋友;论文写得像小学生作文,因为当年是别人替他写的嘛;因为上课怕被老师叫起来发言,就索性不去上课;又没办法跟老师沟通,还没办法跟人讲——因为他是 Straight A student(优等生)啊!更糟糕的是,有些家庭可能并没有很富裕,全家勒紧裤腰带攒出学费送孩子出国留学,对他报以了全部的希望。这种时候,他根本不知道怎么跟家里交代,又加上抗挫力的缺失,没有人教过他:不拿第一名是 OK 的,没有奖杯是 OK 的,哪怕考试不及格也是 OK 的。他们觉得不 OK,所以年纪轻轻就很容易走上一条绝路。

所以,天将降大任于斯人也,必先苦其心志,劳其筋骨,饿其体肤,空乏其身,行拂乱其所为。这些摔跤的经验、失败的经验,这些面对失败的经验,是孩子成长的过程中绝对不可或缺的。

环保意识
ENVIRONMENT LITERACY

图片来源：尼泊尔沙弥学校 12 岁的小沙弥宗正师作品（钱志龙博士收藏）

先王之法，不涸泽而渔，不焚林而猎。

——《淮南子》

The laws of the old sagely kings state that we shall never drain the pond to fish, nor burn the forest to hunt.

环保意识

环保意识古人也有吗？大家可能有点犹豫，Environmentalist（环保主义者），这是个多么新的概念啊。中国人不是一直被国际社会诟病不环保吗？其实早在公元前，《淮南子》就提出依"先王之法，不涸泽而渔，不焚林而猎"。我们需要开采地球的资源来繁衍生息，这个没有问题的，这也是天地的慷慨馈赠。但"君子要活，采之有道"。我不知道你们有没有出去旅行，我回国以后也是怀念祖国的大好河山，每到假期都要出去旅行一下——唉，太心痛了，都不忍心再去了，现在我假期都去国外。我们真的太不爱惜自己的环境了。不管是以什么借口——工业的发展，经济的发达，或者旅游业的兴旺，都不应该以环境为代价，这都是杀鸡取卵的做法。要养活一个人口大国确实不容易，但为了生存也并不是一定要不择手段。学习我们古代的智慧吧，不要那么急功近利，给自己，给后人留下一点后路。

我们学校吃的是全有机的蔬食，并不是为了哗众取宠，或炫耀我们吃得起昂贵的食材。在希望让孩子们获得健康安全无公害的营养的背后，我们更希望孩子们理解：人类要健康，地球先得健康。有机的耕作方式，有机的饲养方式，技术要求更难，生长速度更慢，产量销量更少。但只有这样才能保证我们吃到食物原来的味道，才能保证孩子不会受到人工添加剂、激素、催生素，甚至避孕药之类的有害物质的伤害，才是保障我们在掠夺地球资源的同时，不伤害地球母亲。

情绪管理
EMOTION MANAGEMENT

不以物喜，不以己悲。

——《岳阳楼记》（范仲淹）

Don't feel too elated about material objects; don't feel too sad about personal gain or loss.

情绪管理

这句范老先生说的话，总结成一个当代流行词，就是：淡定。我在国外生活那几年，看到了不同文化培养出来的不同性格，我觉得中国人的情绪管理是有待改进的，或者说中国的情绪教育是有待加强的。我不知道大家参加过中式的葬礼吗？葬礼上那种哭声，很吓人的，当然这里面一半有演绎的成分，是特意哭给别人听的，不然会被骂不孝。还有，男孩子是不可以哭的——男儿有泪不轻弹嘛！又是另外一个极端，一个是强迫哭，一个是禁止哭。另外还有一种哭，也很可怕，那就是地铁上满地打滚的小孩儿声嘶力竭地哭闹，家长完全束手无策，因为到这个时候，孩子已经掌握了如何用哭来操控大人，来实现他的愿望。

这三种哭各不相同，但都表现出情绪管理的缺失，或者说是情绪教育的缺失。现在西方的教育界，出现了一个新的领域：Social Emotional Learning（社会情感教育）。就是在很小的时候就让孩子们理解什么是七情六欲，然后怎么样去管理和表达它们，我觉得这是一个非常有必要的学科和功课。所以范老先生他是提出过这样的想法的，我们可以引以继承，延伸到我们现在一些独生子女的情绪问题——不懂得分享，不懂得珍惜，我们真的是有一些功课可以做的。

这种能力，并不是我们生来就具备的，甚至都不是教得出的，所以需要更多的研究和探索。尤其是中国的传统礼教里对很多情感是压抑的，是反自然的，是违悖人性的。比如"孔融让梨"本意是好的，想教会孩子谦让和不争，但一旦没有教好，或忽略了孩童的天性硬性执行，反倒可能教会孩子伪善和心口不一，甚至给孩子的心理造成伤害。

责任感
RESPONSIBILITY

先天下之忧而忧，后天下之乐而乐。

——范仲淹

Worry before anyone else starts worrying and start to cheer after everyone else cheers.

责任感

再聊一句范老先生的话，你们再坦率地跟我互动一下，有没有说过类似这样的话："孩子啊，你什么事都不用操心，全心全意地把书读好，家里的事情都不用你做，妈妈都辞职了，陪你读书。"有的话请举手。

我觉得这是非常缺心眼的一种说法。什么叫"全心全意把书读好"？没有这回事！我们生来是成就生命的，学习只是其中一部分的使命，而且不是排他的。并不是说你越舍得花时间学习你就收获越大。我觉得孩子们需要被全面地教育，他需要培养责任感，包括对自己负责，然后才会对他人负责，对家庭负责。一屋不扫何以扫天下？！

中国父母多少有一种非要牺牲自己才能成全别人的那种感觉。我今天并不想裁决这种想立牌坊的心态，但是我觉得我们有必要思考一下它的副作用。一个心无旁骛只会读书的孩子，将来结出什么样的果子，你有做好这个准备吗？他真的会像你期待的一样非常地心疼妈妈，把妈妈的牺牲当成他的动力吗？他真的能体会你的苦心，而真正地把时间和努力放进学习吗？即使他这么做了，你觉得他所没有被培养和锻炼的东西是什么？他还那么小，还没有那么强的是非观念，他们会不会觉得这一切是应该的，我妈这么做，我同学的妈妈也这么做——他们是应该的，是"活该"的？

你去读一读报纸上的那些报道，你看看有些孩子真的就这么被培养出来了。妈妈不给钱买房就拿刀捅妈妈的，我敢保证这些妈妈在孩子小时候一定说过这样的话。我觉得这个社会可以少几个所谓的"高级知识分子"，但不能多一个这样的受过高等教育的败类。所以我的建议是：让孩子们做力所能及的事情。"力所能及"这个词大家用得很熟，但是什么叫力所能及？我们可以列个清单出来，三岁的孩子能干嘛？七岁的孩子能干嘛？只要是他能干的事情就让他干！就这么简单。

我真是受不了那些五六岁了妈妈还在追着喂饭，七八岁了爷爷奶奶帮着背书包，十几岁了爸爸妈妈还要去操心你刷牙没洗脸没，那些还要叫孩子起床的家长，都是要不得的！孩子并没有那么脆弱，也没有那么辛苦。而且，体力脑力的替换，其实是最好的休息。不要以为睡觉才能补充体力，换脑或换成体力劳动，也是一种休息，更有效率的休息。

团队精神
TEAM SPIRIT

单者易折，众则难摧。

——《三十国春秋·西秦录》（崔鸿）

One of anything breaks easily, but a collective is hard to destroy.

团队精神

出过国的或者没出过国的，大部分人都能总结出这样一个规律：韩国人很团结，只要有韩国货绝不买别国的。日本人也非常地团结，甚至是排外式的团结，而且民族自豪感很强，即使拿到美国护照后也绝不会给自己起个英文名字。犹太人团结而顽强，所以可以在一个曾被夺走的国家里重建故土，即使飘零在海外各个国家也能生生不息，卷土重来，这都是靠他们同胞之间的团结。

后半句是什么，不用说啦，中国人在外面真的不团结，很让人心寒的，想骗钱先从同胞下手。中国人之间的欺压，多过于外国人，为什么，是什么造成的？中国人为什么做不到韩国人日本人犹太人那样的团结？我们是不是该思考一下了。我倒也不是说鼓励民族主义和沙文主义，但我觉得"自己人不欺负自己人"不是连动物界都遵循的规律吗？

中国有一部电视剧真的害人不浅，没错，《甄嬛传》，古装戏真的就只剩这一个"勾心斗角"的主题了吗？满满的负能量。我觉得它教坏了整整一代人和他们的孩子。当我们太过分强调个人输赢的同时也强调了什么？不择手段。为什么钱理群先生在批评当代大学生的时候用到一个词：精致的利己主义者，即高智商、低人格，没有团队意识，没有共赢意识。我必须踩着别人的肩膀往上爬；我必须打败班里所有的同学才能拿到保送的名额；我必须给每个同学买昂贵的礼物才能当上班长……从小到大这一路走来，家长们的焦虑和因为焦虑使出的种种手段，把孩子送去（他们认为）最好的学校。直到今天，他们可能都还没有意识到，他们做的事情，已经悄悄地但却深刻地投射到孩子的心里，孩子们的价值观就此已宣告被污染。

我很理解家长的心情和心态，但我既不同情更不赞同。无论竞争多么残酷，我们要最小化这样的恶性竞争，不要让孩子从小埋下"我必须要做人上人，我必须把别人踩下去"的念头，因为这个观念，如同一朵恶之花，将来一定会结出我们所不愿意见到的果实来。团队精神是国际学校以及西方的教育里面比较强调的，我们从来不排名，就从根本上遏制了这种"个人输赢"。我们这个班都是好样的，我们这个足球队是好样的，我们这个学校的孩子出去以后个个都是人才，合起来就是一群人才。人为地把他扭转过来，靠我们大家的努力，好吗？

批判性思维
CRITICAL THINKING SKILL

君子和而不同，小人同而不和。

——《论语·子路》

A sage pursues harmony yet embraces differences, and a villain pursues concurrence yet destroys agreement.

批判性思维

有一个很老的笑话，我讲了很多年，但还是有很多人没听过，所以我再重复一次，听过的同学就担待啊。联合国有一年给全世界的小朋友出了一道题：就其他国家粮食短缺问题的解决办法，请你谈谈自己的看法。结果非洲的小朋友看完题目说："啊？什么叫'粮食'？"欧洲的小朋友说："嗯？什么叫'短缺'？"拉美的小朋友说："什么叫'请'？"美国的小朋友说："什么叫'其他国家'？"中东的小朋友说："什么叫'解决办法'？"中国的小朋友你猜他们说什么——"什么叫'自己的看法'？"（笑）

不用多解释了吧，我们中国的孩子往往太多时候被给予一个标准答案，被给予一个官方说法，而逐步丧失了批判性的思维能力。我们还常常用"听话"来要求和赞美孩子，仿佛听长辈的，听师长的，就会少走很多弯路，不会犯错，不至于误入歧途似的。刚才举手的结果已经用事实最好地证明了"听大人的话毁一生"这个普遍真理。而且，中国人的从众心态本来就非常明显而普遍，大人们很容易就形成了统一的意见和想法。

但这并不是我们老祖宗的做法，尤其在春秋战国百家争鸣时代，都是批判与继承同时进行的。墨子一开始是跟着孔子学习的，后来他觉得孔子的爱是小爱，是有差别心的爱，是为统治阶级服务的一种爱。墨子就提出要"兼爱"，不管你是劳动者，还是士大夫，一样地爱。他也反对厚葬——这不就是孔子很推崇的"礼"嘛。韩非子也是反对礼乐教育的典型，最后儒家骂墨家是禽兽，你们都不懂得礼义廉耻。法家反过来骂儒家：你们是虱虫，禽兽不如！多好玩！

很多例子，我不举太多了，我觉得那个年代真的就是鼓励对立，鼓励批判，鼓励"我不同意"的。君子和而不同，聊起来骂起来，没关系的，理肯定是越辩越明。我们的孩子一定要从小培养这种独立的批判性的思维，他将来才有可能做一个有自己想法的人，成为一个知道自己有想法的人。

道
TAO

图片来源：著名画家陈正隆先生作品

人法地，地法天，天法道，道法自然。

——《道德经》

Human beings follow the rules of the earth, earth follows the rule of heaven, heaven follows the rule of Tao, and Tao follows the rules of nature.

道

我想说,现在是个教育繁荣的时代,我说的繁荣,并不是指我们已经取得了多大成就。而是说,现在中国的教育市场有一个走向多元化的趋势,家长们突然多了很多选择。无论是进口的IB学校,英国学校,华德福学校,还是国产双语学校,或者像培德书院一样特立独行的私立学校,正在用各自不同的理念和方式,探索教育的未来。这无论如何是一件值得庆贺的事情。

我的基本态度是,教育本不是一件很难的事,因为已经有人曾经做过,只要你用心,就一定能做得更好。教育本不是一个门槛很高的行业,只要你对孩子有无差别心的爱,就可以很快入门。教育本不是一个门派界限森严迥异的技术,大多数好的学校都是殊途同归的。IB学校好的地方,美国学校也会有,华德福受推崇的理念,培德一条都不少。教育更不是一件只有外国人才能做好的事,更何况如果我们是在讨论如何教育好中国的孩子。我们不能纯粹地依赖、等待外国的教育家们来告诉我们该怎么做。

这几年在国内外做校长的经验也告诉我,做一所有品质的学校其实也并不难。只要你了解了孩子成长的基本规律并充分尊重它,只要你了解了教育的基本规律并充分尊重它,只要你了解了孩子的天性和天生的差异性并充分尊重它,而且不以任何理由、任何借口去伤害孩子们的好奇心,想象力,创造力以及其他所有他与生俱来的能力和禀赋,你就不会走得太偏,做得太差。

很多人曾做过努力来翻译这个"道"字,后来连英国人、美国人都放弃了——他们就压根没有这个东西,没有一个词可以代替!所以我们看到,和Toufu(豆腐)一样,英语里的"道"只是用广东话的发音直接保留了这个外来词:Tao。而"道"究竟是什么呢?老子所说的"道法自然"又包含了多少深刻的哲学呢?最高明的教育之道到底又是什么呢?

结　语

我出国留学九年，很庆幸在这么好的一个时代回到自己的国家，希望有机会在教育实践中逐步实现我的教育理想。我也觉得现在到了一个讨论"新教育"这个课题的时机，我们到底要的是国际教育，外国教育，中国的传统教育，还是一个国际化的中式教育？这注定是一个不断自我批判、自我修正、自我完善的漫长过程。在借鉴、怀疑、摒弃和建设的过程中，我们到底应该衡量些什么，追求些什么，同时我又应该顾虑些什么，防备些什么，应该避免哪些我们可能负担不起的代价，很多问题，我还没有答案，我还在探索，我也愿意跟大家一起探索。

后　记

这两场公益演讲我各讲了十几场，虽然得到很多掌声和共鸣，甚至有人说是我的成名之作，但我却根本不是这么想的。它不是一个终点，而分明是一个起点。抛开演讲的内容不说，它对于我最大的意义是让我在我交完博士论文之后，又找到了一个我真心希望探索的课题，并且希望在接下来的几年中，拿出我最大的诚意和努力，去试图从理论上理清楚熊掌和鱼的关系，从实践上摸索出一条中西方教育如何不仅殊途同归，更相映成辉的道路。

在之后的几年里，我先后遇到了两位生命发光的人，我非常珍惜并感恩与他们的缘分，让我在探索这个课题的时候如遇明灯，如逢知己。

还记得第一次在培德书院见到曾先生，他一袭中式的素色布衣，我还跟往常一样西服革履。我们两个往那一坐，感觉就像"保皇党"和"维新派"准备大干一场的架势。但万万没想到，我跟曾先生一见如故，不但没有打起来，反而在聊起对教育的理解、坚持和展望时，我们经常互相完成对方没有说到一半的句子，默契点多得停不下来。

曾先生国学底蕴深厚，出口成章。因早年投身并投资过华德福教育，对西方先进的教育理念也如数家珍。最让我景仰的是，无论面对多大的困难，曾先生一口带着台湾腔的普通话说得不紧不慢，无喜无悲。后来我又多次拜访培德，每一次我带着一颗浮躁焦虑的心走进那间茶墨芬芳的书院，整个人都会瞬间清静下来。

培德直到2014年才落地北京，校舍还新，学童尚小，还不足以完整地体现培德所描绘的教育蓝图，看不到秧苗到底会结出怎样的果实还不足以让人信服。听说曾先生早在二十年前已在台湾地区创办了同样理念的道禾实验学校，当我提出要拜访培德在台湾的这艘"航空母舰"时,曾先生竟一口应允,并在百忙中一路亲自陪同,带我参观了道禾在台中、新竹、三义的三个校区和六艺传习馆。

从道禾回来,感觉整个人都好了,有种普罗米修斯上身的感觉,感觉捡回来很多被遗落的宝贝。一些我以为已经不存在的东西竟然在台湾被完整地保留下来了;一些古老但仍然有效的教学方法竟然有人还在尝试,还在坚持:传统精神、匠人精神、清欢精神、艺文精神、美学精神。我迫不及待地希望把这些快要绝迹的花种从台湾带回大陆,在罗马湖边的春色里轻轻种下,期待它开出绚烂的花朵。

曾先生触动我最深的一句话是:如果有一天,我们中国的孩子在国际舞台上领奖时,被问及受益于何种教育,结果我们听到的名字都是 IB、AP、英国课程、美国学校、华德福、斯坦福的教育的时候,我们将如何面对这种窘迫?泱泱十几亿人口的国家,竟然没有属于我们自己的教育?我们有何颜目面对祖先,面对子孙?

在曾先生的引荐下,我又结识了李亚鹏先生。我一向刻意远离深不可测的演艺圈子,李先生可以算是我这辈子第一次近距离接触的"电视里的人"。我们第一次见面不咸不淡,我和他并肩坐在后座,去怀柔看一处有可能变成学校的土地。一路上大家客客气气的，并不知该从哪里聊起，都是曾先生在打着圆场。我对从影视圈转到投资界的李先生并不了解，我不动声色地悄悄打量着，甚至用力听着他跟别人打电话的语气和态度，不是想打听他在干什么，而是希望了解他到底是一个什么样的人。

后来我们又在各种场合见了几次面，在"嫣然天使"基金会的办公楼里，在"书院中国"挑高五米的大书房里，在新浪教育盛典的公益颁奖现场，在"嫣然天使"医院的慈善音乐会上，在他和朋友合伙开的西餐馆里，在他和他女儿交头接耳的家里的客厅。几个比较亲密的小伙伴也开始调侃问我跟"令狐冲"的关系进展怎样，我只说了一句：跟你们想象的不一样，跟你们在网上看到的不一样。一个虽已告别银幕却仍然"无处藏身"地生活在公众友好或不那么友好的关注和裁决里的人，说实话，我有点心疼他。

直到有一天，在曾先生位于北京的寓所里，我们仨就着楼下"苍蝇馆子"外卖的几个小菜，喝了一点曾先生从台湾带来的白酒和高山茶，开始正式聊属于我们三个人的话题，这一聊就聊到了后半夜两三点。我们并没有聊太多培德书院的发展或者校长这个岗位，却花了很多时间聊了李先生的"书院情结"。当他说到希望在有生之年看到中国"书院文化"的复兴，我分明看到卸去了武侠片中男一号英气逼人的光环后，一个经历过各种考验的中年男子的眼神里闪烁着理想主义的光芒。

从那晚之后，我跟培德的关系开始发生质的变化：从一开始代表另一所学校来切磋治校心得的校长，到应邀参加培德举办的社区活动的观礼嘉宾，到后来跟所有培德老师们分享教学理念的教育学者。在曾先生不动声色地巧妙安排下，我不知不觉，从"少女怀春"般的心动变成了"干柴烈火"的行动，最终投桃报李，生米煮成熟饭，我于 2015 年 9 月正式接掌培德。

来到培德的第一件事，我先把从美国辛苦得来的博士学历寄回上海让我妈保管，也把我在国际学校、IB 项目获得的多年经验暂放到一边，我甚至彻底断掉了喝咖啡的习惯，开始跟培德的同事们一起喝中国茶。当来自台湾的老师第一次不疾不徐地把满满的一茶则茶叶塞进小小的一个陶壶里，优雅从容地把涓涓的茶汤倒在幽幽的杯盏里，并云淡风轻地推送到我面前，在我急吼吼地凑上嘴唇之前，请我先闻一下文山包种的香气时，突然意识到之前的日子我过得有多糙。

从那天起，我开始试图以中国人的方式生活，开始羡慕宋朝人过日子的优雅从容，我又摊开多年未碰的笔墨纸砚，我开始打坐静心，每天争取从紧张忙碌的工作节奏中，给自己挤出一点留白的时间，做些形而上的思考。我开始认真地重读那些当年曾经为了应付考试而虽倒背如流却从未走心的古籍经典，我甚至开始试着放慢我说话和走路的速度。

与此同时，我也开始重新审视中国本土教育的核心价值和理念，而不再单纯希望用西方教育模式来取代或改良中国教育的实践；我开始用更客观更冷静的态度去探讨中西方教育的优劣对比；我开始思考如何建设一所为中国孩子量身打造的国际化中式学堂。站在培德"根深中国，盛开国际"的办学理念墙前，我诚惶诚恐。生怕辜负曾先生和李先生的期望，生怕耽误了无辜学童的未来，但同时，又因灵魂和理念驶入了合适的轨道而满怀激情。

传承曾国俊先生在台湾道禾实验学校二十年的心法和经验，培德大胆地跟"更快、更高、更强"的奥运口号唱反调，喊出"求慢、求难、求少、求拙"的办学理念。我们通过对"琴棋书画诗酒花香茶"等各种中华雅文化的研习，通过工坊课程"采十炼一"的匠人精神的培养，通过"一年一座山，一年一条河"的山水学关注身心灵健康，通过以世界公民为视角的生命课程，让孩子"如保赤子"，回归本真，知行合一地去深刻诠释"正德、厚生、利用、惟和"的校训。

我们通过学校、教育馆、书院、工坊、书店、文创、节气厨房等多元的教育资源与空间，探索华人文化基因与华人教育特色。在孩子们绽放出专属于他们的缤纷色彩之前，先为他们涂上一层浓浓的中华文化底色，让他们能够坦然、欣然地接受一种专属于炎黄后裔的本土教育，养成一个中国孩子、一个东方的知识分子该有的人文素养和审美标准。但同时我们又坚决不会走只追求形式、做表面文章的复古的教育之路,更不会把孩子们打扮成从汉朝"穿越"回来的模样,教育永远是面向世界、面向未来的。

我们希望孩子们瞻前而不忘古,顾此而不失彼,用既不自大,又不自小的态度面对自己,探究宇宙。他们不用付出母语和"文化母语"的代价,去获得一张所谓的世界竞技场的入场券。无论他们将来手持什么颜色的护照,选择在哪个洲国定居,都能够优雅体面地站在世界人民面前,自信而自豪地展现一个中华儿女的文化基因和德智修养,并能用别人听得懂的语言,讲他们自己的故事,讲我们中国人的故事!

钱志龙

2016 年 9 月 24 日于北京

公众账号:教育者钱志龙

本书中所有图片如涉侵权,可前来出版社索要稿酬。